证券业从业人员一般从业资格考试辅导用书 2021

金融市场基础知识

习题与精解

证券业从业人员一般从业资格考试专家组　编

中国金融出版社

责任编辑：石　坚
责任校对：刘　明
责任印制：陈晓川

图书在版编目（CIP）数据

金融市场基础知识习题与精解/证券业从业人员一般从业资格考试专家组编.—北京：中国金融出版社，2020.12
证券业从业人员一般从业资格考试辅导用书.2021
ISBN 978－7－5220－0973－5

Ⅰ.①金…　Ⅱ.①证…　Ⅲ.①金融市场—资格考试—题解　Ⅳ.①F830.9－44

中国版本图书馆 CIP 数据核字（2020）第 269532 号

金融市场基础知识习题与精解
JINRONG SHICHANG JICHU ZHISHI XITI YU JINGJIE
出版
发行　中国金融出版社
社址　北京市丰台区益泽路 2 号
市场开发部　（010）66024766，63805472，63439533（传真）
网 上 书 店　http：//www.chinafph.com
　　　　　　（010）66024766，63372837（传真）
读者服务部　（010）66070833，62568380
邮编　100071
经销　新华书店
印刷　北京市松源印刷有限公司
尺寸　169 毫米×239 毫米
印张　13.5
字数　220 千
版次　2021 年 2 月第 1 版
印次　2021 年 2 月第 1 次印刷
定价　48.00 元
ISBN 978－7－5220－0973－5

前　言

随着我国资本市场改革的不断深入，股票发行注册制改革在不同板块稳步推进，相关的法律法规也发生了较大的变化，中国证券业协会组织编写的新版《证券业从业人员一般从业资格考试统编教材》在这样的背景下应运而生。新版教材不仅包括现行法规的最新规定，而且涵盖了大量资本市场重大改革的新内容，知识体系更加系统完善，涉及的知识量也相应扩大。这种变化一方面有利于考生全面了解相关知识，构建从业必需的知识体系，另一方面对自学通过考试提出了更高的要求。

虽然现在的证券业从业人员一般从业资格考试只有单项选择题和组合型单项选择题两种题型，对知识掌握的要求相对容易一些；但是，因为证券业从业人员资格考试不公布历年真题，增加了考生获取相关考点信息的难度。面对厚厚的教材、庞杂的知识点，没有专业基础的考生常有无所适从感。为了更好地还原考试难度，展示出题思路，提高复习效率，本书编者在大量收集回忆版历年真题的基础上，结合最新的教材内容，按照考试大纲了解、熟悉、掌握的不同要求，对不同的考点进行分层级的覆盖。本书精选了常见、高频的考点，力求全面、精准地提炼考点，既做到考点的全面覆盖，又去除诸多重复、冗余信息，高度浓缩，可以大大提高学习效率，减少复习时间，让考生尽早、尽快地通过考试。希望考生通过本书的学习，能够更好地发现考点，熟悉出题的角度，培养考试的题感，为将来继续参加中国证券业协会组织的其他专项业务类资格考试做好充分的考试技能储备。

任何一个国家崛起为世界强国都伴随着资本市场的发展和助力，从荷兰、英国、美国到今天的中国，都将证明资本市场的重要作用。从中长期来看，我国的资本市场是当之无愧的朝阳产业，可以为有识之士提供广阔的发展舞台。虽然本书能够帮助考生用更短的时间通过考试，但是全面掌握证券从业所需的知识仍应成为大家的重要目标。希望大家通过证券业从业人员一般从业资格考试以后，不要放慢前进的步伐，继续学习中国证券业协会组织的其他专项业务类资格考试。在不断学习中提高自己，为以后的证券从业之路打好坚实的知识基础；为我国资本市场的发展、完善，贡献应有之力。

尽管本书编者追求精益求精，但书中难免存在不足和疏漏之处，敬请广大读者提出宝贵的意见和建议。最后预祝各位考生顺利通过考试！

目　　录

第一章　金融市场体系

一、单项选择题

1. 金融市场的首要功能是(　　)。

A. 价格发现　　B. 风险管理

C. 资金融通　　D. 提供流动性

【答案】 C

【解析】 金融市场的首要功能是资金融通。

2. 在一个有效的市场中，价格能够反映所有市场参与者所收集到的总的信息，这反映了金融市场的（　　）功能。

A. 资金融通　　B. 价格发现

C. 风险管理　　D. 降低搜寻成本和信息成本

【答案】 D

【解析】 有效市场的价格反映所有市场参与者收集到的信息总和，体现了降低搜寻成本和信息成本的市场功能。

3. 以下不属于直接融资特征的选项是(　　)。

A. 直接性　　B. 部分融资方式具有不可逆性

C. 分散性　　D. 融资者自主性较弱

【答案】 D

【解析】 直接融资中融资者有相对较强的自主性，在法律允许的范围内，融资者可以自己决定融资的对象和数量。

4. 下列属于直接融资方式的是(　　)。

A. 银行贷款　　B. 抵押贷款

C. 民间借贷　　D. 银团贷款

【答案】 C

【解析】常见的直接融资方式有股票市场融资、债券市场融资、风险投资融资、商业信用融资、民间借贷等。

5. 证券市场融资属于(　　)。

A. 间接融资　　B. 直接融资
C. 信用融资　　D. 银行融资

【答案】B

【解析】证券市场融资属于典型的直接融资。

6. 下列属于间接融资的是（　　）。

A. 股票市场融资　　B. 民间借贷
C. 消费信用融资　　D. 债券市场融资

【答案】C

【解析】常见的间接融资方式包括银行信用融资、消费信用融资、租赁融资等。

7. 下列关于直接融资与间接融资的区别，说法不正确的是(　　)。

A. 直接融资与间接融资的区别主要在于融资过程中资金的需求者与资金的供给者是否直接形成债权债务关系

B. 在有金融中介机构参与的情况下，判断是否直接融资的标志在于该中介机构在这次融资行为中是否与资金的需求者和资金的供给者分别形成了各自独立的债权债务关系

C. 一般习惯上认为，凡是债权债务关系中的一方是金融机构的融资就是间接融资，不考虑这种融资工具最初的债权人、债务人的性质

D. 间接融资活动从时间上早于直接融资

【答案】D

【解析】一般认为，直接融资活动从时间上早于间接融资。

8. 金融市场是经济运行状态的“晴雨表”，繁荣的金融市场往往对应着实体经济的兴旺发达，而金融市场的萧条通常也意味着真实经济部门的不景气。这反映了金融市场重要性的(　　)。

A. 促进储蓄—投资转化　　B. 优化资源配置

C. 反映经济状态　　　　　　　D. 宏观调控

【答案】C

【解析】题干为金融市场重要性中反映经济状态的体现。

9. 按金融资产到期期限，金融市场划分为(　　)。

A. 长期市场和短期市场　　　　B. 一级市场和二级市场

C. 现货市场和期货市场　　　　D. 货币市场和资本市场

【答案】D

【解析】按金融资产到期期限分为货币市场和资本市场。

10. 下列关于金融市场分类，错误的是(　　)。

A. 按发行流通性质可以分为一级市场和二级市场

B. 按照组织方式可以分为交易所市场和场外交易市场

C. 按照交易工具分为债券市场和权益市场

D. 按照金融资产的种类分为现货市场和衍生品市场

【答案】D

【解析】按交割方式分为现货市场和衍生品市场。

11. 资本市场是指所交易金融资产到期期限在（　　）年以上或者没有到期期限的金融市场，如股票市场、中长期国债市场、中长期银行贷款市场等。

A. 1　　　　B. 3

C. 5　　　　D. 10

【答案】A

【解析】资本市场是指所交易金融资产到期期限在一年以上或没有到期期限的金融市场。

12. 下列关于一级市场和二级市场的表述，不正确的是(　　)。

A. 一级市场是新金融资产的发行市场，主要功能是筹资

B. 二级市场是已发行金融资产的流通市场，金融资产的持有者可以在这个市场中将持有的证券出售，以达到变现的目的

C. 二级市场为已发行的金融资产提供流动性，便于发行人在一级市场

销售证券

D. 通过一级市场制定资产价格，从而为二级市场交易金融资产提供价格参考

【答案】D

【解析】通过二级市场发现资产价格，从而给一级市场销售金融资产提供价格参考。

13. 下列不属于资本证券主要形式的是(　　)。

A. 股票　　B. 债券

C. 证券投资基金　　D. 银行汇票

【答案】D

【解析】银行汇票属于货币证券中的银行证券。

14. 世界上最早使用纸币的国家是(　　)。

A. 中国　　B. 印度

C. 埃及　　D. 英国

【答案】A

【解析】中国宋代发明了最早的纸币交子。

15. 世界上第一个股票交易所位于(　　)。

A. 纽约　　B. 伦敦

C. 费城　　D. 阿姆斯特丹

【答案】D

【解析】世界上最早的证券交易所是阿姆斯特丹证券交易所。

16. (　　)确立了以美元为中心的国际货币体系——布雷顿森林体系。

A. 第二次世界大战前　　B. 第一次世界大战后

C. 第一次世界大战前　　D. 第二次世界大战后

【答案】D

【解析】第二次世界大战后，布雷顿森林体系确立了以美元为中心的国际货币体系。

17. 国际货币基金组织总部位于(　　)。

A. 华盛顿　　B. 巴黎

C. 纽约　　D. 斯德哥尔摩

【答案】 A

【解析】 国际货币基金组织是根据 1944 年 7 月在布雷顿森林会议签订的《国际货币基金协定》，于 1945 年 12 月 27 日在华盛顿成立的，总部位于华盛顿。

18. 下列属于国际短期资金流动的是(　　)。

A. 国际信贷　　B. 国际直接投资

C. 投机性资金的流动　　D. 国际间接投资

【答案】 C

【解析】 国际短期资金流动主要包括贸易资金的流动、套利性资金的流动、保值性资金的流动以及投机性资金的流动四种。

19. 以下不属于伦敦外汇市场特点的是(　　)。

A. 以外币交易为主　　B. 以金融机构批发性交易为主

C. 以居民交易为主　　D. 以外汇衍生品交易为主

【答案】 C

【解析】 伦敦外汇市场以非居民交易为主，伦敦外汇市场日均成交名义金额中，非居民成交占比约为 50%。

20. 与伦敦同业拆借利率相对应，我国银行间市场基准利率简称是(　　)。

A. LIBOR　　B. 央行基准利率

C. LPR　　D. SHIBOR

【答案】 D

【解析】 我国银行间市场基准利率是上海银行间同业拆借利率（SHIBOR）。

21. 伦敦证券交易所，分不同层次和板块满足各类筹资者的需求，其中存托凭证在（　　）上市交易。

A. 主板市场

B. 另类投资市场

C. 专业证券市场

D. 专业基金市场

【答案】C

【解析】专业证券市场上市品种分存托凭证和专家债务证券两类。

22. 在英国为各类封闭式投资基金提供上市渠道，由交易所监管，上市规则执行欧盟标准的是(　　)。

A. 主板市场

B. 专业证券市场

C. 专业基金市场

D. 另类投资市场

【答案】C

【解析】在英国专业基金市场为各类封闭式投资基金提供上市渠道。

23. 全球最大的黄金现货市场是(　　)。

A. 伦敦市场

B. 纽约市场

C. 香港市场

D. 苏黎世市场

【答案】A

【解析】伦敦黄金市场是全球最大的黄金现货市场。

24. 美国的银行间无担保短期借贷利率被称为(　　)。

A. 联邦基金利率

B. 伦敦银行间同业拆放利率（LIBOR）

C. 香港银行间同业拆放利率（HIBOR）

D. 同业拆借利率

【答案】A

【解析】美国的银行间无担保短期借贷利率被称为联邦基金利率。

25. （　　）是全球第一家电子化市场。

A. 费城证券交易所

B. 伦敦证券交易所

C. 纽约证券交易所

D. 纳斯达克

【答案】D

【解析】1971 年成立的纳斯达克，是所谓的全球第一家电子化市场。

26. 下列关于纽约证券交易所的指定做市商制度的表述，不正确的是(　　)。

A. 指定做市商制度将专家制度下的“退让”原则修改成为“对等”原则

B. 指定做市商来自超额净资本的净流动资产应始终大于或等于其最低净流动资本

C. 指定做市商制度，撤销了专家制度中的负面义务清单

D. 指定做市商制度，取消了专家制度中的优先看单权

【答案】B

【解析】指定做市商来自超额净资本的净流动资产应始终大于或等于其最低净流动资产要求的40%。

27. 关于美国股票市场的说法，错误的是(　　)。

A. 美国的全国性股票交易所中，每一家证券交易所都拥有自己初始上市的企业，也可以挂牌交易其他交易所上市的股票，相互之间竞争非常激烈

B. 美国的证券交易所除了组织交易，同时还是自律性监管机构，而另类交易系统对市场参与者不具有自律监管职能

C. 纳斯达克集团目前是美国证券业的自律监管机构，但仍为私营企业

D. 纽约证券交易所的5家指定做市商也可充当补充流动性提供商，但是，对同一只证券，不能同时担任指定做市商和补充流动性提供商

【答案】A

【解析】并不是每一家交易所都拥有自己初始上市的企业，但是大多可以挂牌交易其他交易所上市的股票，相互之间竞争非常激烈。

28. 下列关于美国债券市场的表述，不正确的是(　　)。

A. 美国联邦政府发行的债券被统称为美国国债，是美国债券市场的基石

B. 通常情况下，美国国债被视为无风险资产，它们的收益率也被金融市场当作无风险收益率

C. 美国联邦机构债券享有中央政府信用等级，不存在信用风险

D. 美国部分州可以通过市政债券，为非政府的私营工程募集资金

【答案】C

【解析】美国联邦机构债券分为两类，一类是美国联邦政府机构发行或担保的，享有中央政府信用等级，另一类是经国会批准，为实现公共目标而设立的政府支持企业的债券，如房利美、房地美就是典型，它们的债券面临信用风险。

29. 在美国银行业的监管机构中，（　　）负责制定统一的监管准则和报告格式，是监管机构的协调机构。

A. 货币监理署　　B. 联邦金融机构检查委员会

C. 储蓄机构监管署　　D. 联邦储备体系

【答案】B

【解析】美国实行双层多头的金融监管体制。联邦金融机构检查委员会负责制定统一的监管准则和报告格式，是监管机构的协调机构。

30.（　　）规定公开发行证券的发行人（政府债券、非公开发行以及州内发行除外），必须到证券交易委员会注册，并提供财务报表等有关文件。

A.《1933 年证券法》　　B.《1934 年证券交易法》

C.《1939 年信托合同法》　　D.《多德—弗兰克法案》

【答案】A

【解析】《1933 年证券法》作出公开发行证券的发行人必须到证券交易委员会注册的规定。

31. 2019 年全球最大的离岸人民币结算中心是(　　)。

A. 伦敦　　B. 香港

C. 纽约　　D. 新加坡

【答案】B

【解析】2019 年中国香港是全球最大的离岸人民币结算中心，占全球人民币支付交易约 75%。

32.（　　）年，内地和香港地区推出债券通。

A. 2017　　B. 2018

C. 2019　　D. 2020

【答案】A

【解析】2017 年，香港地区和内地之间启动了债券通计划，境内外机构和个人可以借助中国香港债券市场进入对方市场。

33. 关于中国香港的金融市场监管的说法，错误的是(　　)。

A. 中国香港实行分业监管模式

B. 香港金融管理局负责监管银行业

C. 证券及期货事务监察委员会负责监管证券和期货业

D. 保监处主要职能是保障保险公司的利益及促进保险业的整体稳定

【答案】D

【解析】保监处的主要职能是保障保单持有人的利益及促进保险业的整体稳定。

二、组合型单项选择题

1. 金融市场的功能包括(　　)。

Ⅰ. 价格发现　　Ⅱ. 提供流动性

Ⅲ. 风险管理　　Ⅳ. 降低搜寻成本和信息成本

A. Ⅰ、Ⅱ、Ⅲ　　B. Ⅰ、Ⅲ、Ⅳ

C. Ⅱ、Ⅲ、Ⅳ　　D. Ⅰ、Ⅱ、Ⅲ、Ⅳ

【答案】D

【解析】选项全部正确。此外还包括资金融通。

2. 间接融资，通过金融中介可以减少资金供给方的风险，具体表现为(　　)。

Ⅰ. 间接融资中，资金需求者和资金初始供给者之间不再发生直接借贷关系

Ⅱ. 相对于直接融资来说，间接融资的信誉程度较高

Ⅲ. 通过金融中介的间接融资，均属于借贷性融资，到期均需还本付息，具有可逆性

Ⅳ. 间接融资的主动权在很大程度上受金融中介支配，世界各国对于金融机构的管理一般都较严格，使间接融资风险性相对较小，融资的稳定性较强

A. Ⅲ、Ⅳ　　B. Ⅱ、Ⅲ、Ⅳ
C. Ⅰ、Ⅱ、Ⅳ　　D. Ⅰ、Ⅱ、Ⅲ、Ⅳ

【答案】 D

【解析】 选项全部正确。

3. 根据我国《企业会计准则第22号——金融工具确认和计量》的规定，衍生工具包括(　　)。

Ⅰ. 互换和期权　Ⅱ. 投资合同　Ⅲ. 期货合同　Ⅳ. 远期合同

A. Ⅰ、Ⅱ、Ⅲ　　B. Ⅰ、Ⅱ、Ⅲ、Ⅳ
C. Ⅰ、Ⅲ、Ⅳ　　D. Ⅰ、Ⅱ、Ⅳ

【答案】 C

【解析】 我国《企业会计准则第22号——金融工具确认和计量》规定，衍生工具主要包括远期合同、期货合同、互换和期权，以及具有远期合同、期货合同、互换和期权中一种或一种以上特征的工具。

4. 有价证券有广义与狭义两种，广义的有价证券包括(　　)。

Ⅰ. 商品证券　Ⅱ. 货币证券　Ⅲ. 资本证券　Ⅳ. 金融证券

A. Ⅰ、Ⅱ、Ⅲ　　B. Ⅰ、Ⅱ、Ⅳ
C. Ⅱ、Ⅲ、Ⅳ　　D. Ⅰ、Ⅲ、Ⅳ

【答案】 A

【解析】 广义的有价证券包括商品证券、货币证券和资本证券。

5. 下列选项中，属于非证券金融市场的是(　　)。

Ⅰ. 股票市场　Ⅱ. 融资租赁市场
Ⅲ. 信托市场　Ⅳ. 股权投资市场

A. Ⅰ、Ⅱ　　B. Ⅰ、Ⅱ、Ⅳ
C. Ⅱ、Ⅲ、Ⅳ　　D. Ⅰ、Ⅲ、Ⅳ

【答案】 C

【解析】 非证券金融市场包括股权投资市场、信托市场、融资租赁市场、外汇市场、黄金市场、保险市场、银行理财、产品市场、长期贷款市场等。

6. 按照国际货币基金组织《金融稳健指标编制指南》，全球金融体系的主要参与者包括(　　)。

Ⅰ. 金融公司　　Ⅱ. 非金融公司　　Ⅲ. 住户　　Ⅳ. 政府、公共部门

A. Ⅰ、Ⅱ、Ⅲ　　B. Ⅰ、Ⅱ、Ⅳ

C. Ⅰ、Ⅱ、Ⅲ、Ⅳ　　D. Ⅱ、Ⅲ、Ⅳ

【答案】 C

【解析】 全球金融体系的主要参与者包括金融公司、非金融公司、住户、为住户服务的非营利性机构、政府、公共部门。

7. 长期资本流动是指期限在一年以上的资本跨国流动，包括(　　)。

Ⅰ. 国际间接投资　Ⅱ. 国际直接投资　Ⅲ. 国际信贷　Ⅳ. 证券交易

A. Ⅰ、Ⅱ、Ⅲ　　B. Ⅰ、Ⅱ、Ⅳ

C. Ⅰ、Ⅱ、Ⅲ、Ⅳ　　D. Ⅱ、Ⅲ、Ⅳ

【答案】 A

【解析】 长期资本流动包括国际直接投资、国际间接投资和国际信贷三种形式。证券交易属于国际间接投资。

8. 国际金融监管体系是全球金融体系的重要组成部分，包括(　　)。

Ⅰ. 国际货币基金组织　　Ⅱ. 巴塞尔银行监管委员会

Ⅲ. 国际证监会组织　　Ⅳ. 国际保险监督官协会

A. Ⅰ、Ⅱ、Ⅲ　　B. Ⅰ、Ⅱ、Ⅳ

C. Ⅱ、Ⅲ、Ⅳ　　D. Ⅰ、Ⅱ、Ⅲ、Ⅳ

【答案】 C

【解析】 国际金融监管体系包括巴塞尔银行监管委员会、国际证监会组织、国际保险监督官协会等。

9. 下列关于国际证监会组织的说法中，正确的有(　　)。

Ⅰ. 国际证监会组织成立于 1983 年

Ⅱ. 沪深证券交易所是国际证监会组织的附属会员

Ⅲ. 中国证监会是国际证监会组织的正式会员

Ⅳ. 国际证监会组织致力于维护市场的公平、高效、透明，应对非系统性风险

A. Ⅰ、Ⅱ、Ⅲ　　B. Ⅰ、Ⅱ、Ⅳ

C. Ⅱ、Ⅲ、Ⅳ　　D. Ⅰ、Ⅱ、Ⅲ、Ⅳ

【答案】A

【解析】国际证监会组织致力于维护市场的公平、高效、透明，应对系统性风险。

10.《证券监管目标与原则》是国际证监会组织的纲领性文件，文件确立了证券监管的（　　）目标。

Ⅰ. 保护投资者　　Ⅱ. 确保市场的公平、高效和透明

Ⅲ. 消灭系统性风险　　Ⅳ. 减少系统性风险

A. Ⅰ、Ⅱ、Ⅲ　　B. Ⅰ、Ⅱ、Ⅳ

C. Ⅱ、Ⅲ、Ⅳ　　D. Ⅰ、Ⅱ、Ⅲ、Ⅳ

【答案】B

【解析】系统性风险无法消灭。

11. 伦敦债券市场国际债券发行人包括(　　)。

Ⅰ. 主权国家中央政府　　Ⅱ. 外国公司

Ⅲ. 世界银行　　Ⅳ. 外国个人

A. Ⅰ、Ⅱ、Ⅲ　　B. Ⅰ、Ⅱ、Ⅳ

C. Ⅱ、Ⅲ、Ⅳ　　D. Ⅰ、Ⅱ、Ⅲ、Ⅳ

【答案】A

【解析】国际债券发行人包括主权国家中央政府、超主权机构（如世界银行、国际货币基金组织）以及外国公司。

12. 自2006年之后，纳斯达克的分层制度将市场分为（　　）板块。

Ⅰ. 纳斯达克全球精选市场　　Ⅱ. 纳斯达克货币市场

Ⅲ. 纳斯达克资本市场　　Ⅳ. 纳斯达克全球市场

A. Ⅰ、Ⅱ、Ⅲ　　B. Ⅰ、Ⅲ、Ⅳ

C. Ⅱ、Ⅲ、Ⅳ　　D. Ⅰ、Ⅱ、Ⅲ、Ⅳ

【答案】B

【解析】纳斯达克全球精选市场、纳斯达克全球市场、纳斯达克资本市场。

13. 纽约证券交易所交易制度模式的特征包括(　　)。

Ⅰ. 指定做市商制度　　Ⅱ. 场内经纪商制度

Ⅲ. 场外经纪商制度　　Ⅳ. 补充流动性提供商制度

A. Ⅰ、Ⅱ、Ⅲ　　B. Ⅰ、Ⅱ、Ⅳ

C. Ⅱ、Ⅲ、Ⅳ　　D. Ⅰ、Ⅱ、Ⅲ、Ⅳ

【答案】 B

【解析】 纽约证券交易所交易模式主要包括三个特征，即指定做市商制度、场内经纪商制度和补充流动性提供商制度。

14. 香港银行业、证券业和保险业的行业自律机构分别是(　　)。

Ⅰ. 香港银行公会　　Ⅱ. 金融管理局

Ⅲ. 香港交易所　　Ⅳ. 香港保险业联会

A. Ⅰ、Ⅱ、Ⅲ　　B. Ⅰ、Ⅲ、Ⅳ

C. Ⅱ、Ⅲ、Ⅳ　　D. Ⅰ、Ⅱ、Ⅳ

【答案】 B

【解析】 香港银行业、证券业和保险业的行业自律机构分别是香港银行公会、香港交易所和香港保险业联会。

第二章 中国的金融体系与多层次资本市场

一、单项选择题

1. 中国人民银行成立于(　　)。

A. 1949 年 10 月 1 日　　B. 1948 年 12 月 1 日

C. 1948 年 12 月 7 日　　D. 1950 年 1 月 1 日

【答案】B

【解析】中国人民银行成立于 1948 年 12 月 1 日，并于 1948 年 12 月 7 日首次发行人民币。

2. 1979 年 3 月，(　　) 作为国家指定的外汇专业银行，统一经营和集中管理全国的外汇业务。

A. 工商银行　　B. 中国银行

C. 农业银行　　D. 建设银行

【答案】B

【解析】1979 年 3 月，中国银行从中国人民银行分设出来，统一经营和集中管理外汇业务。

3. 下列选项中，标志着股票市场正式运作开始的事件是(　　)。

A. 1992 年，国务院证券管理委员会和中国监督管理委员会的成立

B. 资本市场的初步建立

C. 2004 年，中国银行业监督管理委员会的成立

D. 上海证券交易所和深圳证券交易所的开业

【答案】D

【解析】1990 年 12 月，上海证券交易所和深圳证券交易所先后开业，

标志着股票市场正式运作的开始。

4. 标志着中国资本市场开始逐步纳入全国统一监管框架，全国性市场由此形成并初步发展的是(　　)。

A. 国务院证券管理委员会和中国证监会成立

B. 中国银行业监督管理委员会成立

C. 银行业与信托业、证券业分离

D. 沪深两市的形成

【答案】 A

【解析】 1992 年 10 月，国务院证券管理委员会和中国证券监督管理委员会成立，标志着中国资本市场开始逐步纳入全国统一监管框架，全国性市场形成并初步发展。

5. (　　)，为实现政策性金融与商业性金融相分离，推进专业银行的商业化改革，我国建立了国家开发银行、中国进出口银行、中国农业发展银行三家政策性银行，将各专业银行原有政策性业务与经营性业务分离。

A. 1993 年　　B. 1994 年

C. 1995 年　　D. 1996 年

【答案】 B

【解析】 1994 年我国政策性银行相继成立。

6. 在我国“分业经营、分业监管”的金融体系确立的是(　　)。

A. 原中国银监会成立

B. 《证券法》的颁布

C. 国务院金融稳定发展委员会的成立

D. 中国银行保险监督管理委员会的成立

【答案】 A

【解析】 2003 年 4 月，中国银行业监督管理委员会成立，标志着我国“分业经营、分业监管”的金融体系得以确立。

7. 我国债券市场分为场内市场和场外市场，其中（　　）将市场参与者限定为机构。

A. 场外债券零售市场　　B. 银行间柜台市场
C. 场内市场　　D. 银行间市场

【答案】D

【解析】银行间市场参与者仅限机构，其他市场机构和个人均可参与。

8. 中国人民银行行长在博鳌亚洲论坛分论坛上提出了一整套的金融领域的开放举措和明确的时间表，概括来说，主要有“三大原则”和“十二大措施”。其中，“三大原则”不包括(　　)。

A. 准入前国民待遇和负面清单原则

B. 进一步完善内地和香港两地股票市场互联互通机制

C. 金融业对外开放将与汇率形成机制改革和资本项目可兑换进行相互配合，共同推进

D. 在开放的同时，要重点防范金融风险，要使金融监管能力与金融开放度相匹配

【答案】B

【解析】完善内地与香港股票市场互联互通机制属于十二大措施之一。

9. 我国的黄金交易市场包括(　　)。

A. 上海黄金交易所和上海期货交易所

B. 上海黄金交易所和中国金融期货交易所

C. 大连商品交易所和上海华通铂银交易市场

D. 郑州商品交易所和上海金银交易所

【答案】A

【解析】中国黄金市场目前初步形成了以上海黄金交易所黄金现货为主体，上海期货交易所黄金期货，商业银行柜台黄金产品共同组成的多元市场体系。

10. 我国第一家商品期货交易所是(　　)。

A. 上海期货交易所　　B. 大连商品交易所
C. 中国金融期货交易所　　D. 郑州商品交易所

【答案】D

【解析】1990 年 10 月，我国第一家商品期货交易所——郑州商品交易

所成立。

11. 我国目前的沪深300股指期货合约是在（　　）进行交易的。

A. 上海期货交易所　　B. 中国金融期货交易所

C. 深圳证券交易所　　D. 上海证券交易所

【答案】B

【解析】2010年4月16日，中国金融期货交易所推出沪深300股指期货合约，标志着我国金融衍生品市场进入稳步发展阶段。

12. 我国首个场内金融期权是（　　）期权。

A. 上证50ETF　　B. 沪深300ETF

C. 中证500ETF　　D. 中证1000ETF

【答案】A

【解析】2015年2月9日，上海证券交易所上市中国首个金融期权上证50ETF期权。

13. 下列关于经济因素对证券市场影响的表述，不正确的是(　　)。

A. 利率对金融市场的影响是系统性、全局性的，利率下降会提高金融资产价格

B. 货币政策对金融市场有着直接、主要的影响

C. 从税收政策来看，给企业减税将会引起资产价格上升

D. 预期通货膨胀率上升，会导致股票债券价格上升

【答案】D

【解析】高于预期的通货膨胀率会提高利率，从而导致债券和股票价格下降。

14. （　　）对整个金融市场有着直接、主要的影响。

A. 财政政策　　B. 收入政策

C. 货币政策　　D. 重要企业

【答案】C

【解析】货币政策对整个金融市场有着直接、主要的影响。

15. 下列关于我国金融市场运行影响因素的说法中，不正确的是(　　)。

A. 国际经济环境因素中浮动汇率制，增加了汇率风险，同时促进了投机交易与资本流动

B. 完备的金融法律制度和高效的执法效率，是金融市场平稳运行的根本保障

C. 交易品种越丰富，市场参与主体的目标越容易实现，市场效率也会越高

D. 金融体制和管理因素对金融市场的发展至关重要，政府加大对金融市场干预，可以平抑市场波动，增加市场活力

【答案】D

【解析】政府对金融市场干预过多会造成金融抑制及经济落后的恶性循环。

16. 下列关于我国金融中介机构的说法中，不正确的是(　　)。

A. 广义的金融中介机构泛指参与或服务于金融市场活动而获取收益的各类组织和机构，包括商业银行和许多非银行金融机构

B. 金融中介机构按业务特征及货币创造、交换媒介和支付手段的能力划分，可以分为银行和非银行金融机构两类

C. 按所从事业务的性质及其在金融活动中所起的作用，可分为融资类金融机构，投资类金融机构，保障类金融机构和服务类金融机构

D. 我国多层次金融中介机构体系，以商业银行为主导

【答案】D

【解析】我国多层次金融中介机构体系以中央银行为主导，拥有以国有商业银行为主体的多层次银行机构体系；以证券公司、期货公司、证券投资基金管理公司为主的多元化投资中介体系；以人寿保险公司、财产保险公司、再保险公司以及提供多种多样保险服务的保险中介体系。

17. 某银行的财务总监，在审核某银行的年末财务报表时，全部负债业务总额为30亿元，以下（　　）情况应引起他的特别注意。

A. 资产负债表显示，年末股本金、储备资金和未分配利润总和为3亿元

B. 资产负债表显示，年末股本金、储备资金和未分配利润总和为 27 亿元

C. 资产负债表显示，存款负债为 21 亿元

D. 资产负债表显示，存款负债为 25 亿元

【答案】B

【解析】负债业务是商业银行组织资金来源的起点和基础，选项 B 自有资金占比太高。

18. 下列关于商业银行表外业务的说法中，错误的是(　　)。

A. 表外业务是不能列入银行资产负债表的业务

B. 狭义表外业务，会使银行承受一定的额外风险

C. 表外业务取得手续费收入

D. 表外业务取得利差收入

【答案】D

【解析】贷款业务获取利差收入。

19. 下列不属于财产保险公司的基础类业务的是(　　)。

A. 机动车保险　　B. 信用保证保险

C. 责任保险　　D. 短期健康/意外伤害保险

【答案】B

【解析】财产保险公司基础类业务五项：机动车保险、企业/家庭财产保险及工程保险、责任保险、船舶/货运保险、短期健康/意外伤害保险。信用保证保险属于财产保险公司拓展类业务四项中的一项。

20. 我国目前金融市场的监管架构是(　　)。

A. “一行两会”　　B. “一行三会”

C. “一委一行两会”　　D. “一委一行三会”

【答案】C

【解析】我国目前金融市场的监管架构是“一委一行两会”，即国务院金融稳定发展委员会、中国人民银行、中国证监会和中国银保监会。

21. 国务院金融稳定发展委员会的职责不包括(　　)。

A. 审议金融业改革发展重大规划

B. 统筹金融改革发展与监管，协调货币政策与金融监管相关事项

C. 研究非系统性金融风险防范处置和维护金融稳定重大政策

D. 指导地方金融改革发展与监管，对金融管理部门和地方政府进行业务监督和履职问责

【答案】 C

【解析】 研究系统性金融风险防范处置和维护金融稳定重大政策。

22. 中国证监会（　　）领导全国证券期货监管机构，对证券期货市场集中统一监管。

A. 垂直　　　　B. 松散

C. 分别　　　　D. 间接

【答案】 A

【解析】 中国证监会垂直领导全国证券期货监管机构。

23. 经济出现波动时，商业银行资本充足率通过影响信贷扩张从而影响实体经济的投资和产出体现了金融与实体经济关系理论的(　　)。

A. 实体经济影响金融市场

B. 金融活动本身是经济衰退和萧条的重要诱因

C. 金融的作用

D. 金融与实体经济内在的相互影响

【答案】 D

【解析】 选项 D 表达最全面。

24. 下列关于金融与实体经济之间关系的表述，不正确的是(　　)。

A. 实体经济发展水平和质量从根本上决定着金融发展水平和质量，实体经济发展不好，风险最终会集中反映在金融体系中

B. 如果金融部门存在缺陷，金融发展严重脱离实体经济，会加大经济运行风险，甚至会以爆发金融危机的形式重创实体经济

C. 随着金融创新和金融脱媒迅速发展，金融市场结构和产品日益复杂，金融与实体逐步脱离

D. 金融市场在实体经济发展过程中，起到对接投融资双方提高资源配

置效率的作用，可以说金融本身就是实体经济的一部分

【答案】C

【解析】随着金融创新和金融脱媒迅速发展，金融与实体经济相互渗透，二者的界限开始变得模糊。

25. 中央银行作为“发行的银行”，其资产负债表中流通中的通货是(　　)项目。

A. 资产类　　B. 负债类

C. 综合类　　D. 权益类

【答案】B

【解析】流通中的通货是中央银行资产负债表的负债的一个主要项目。

26. 金融机构为保证客户提取存款和资金清算需要而准备的，在中央银行的存款被称为(　　)。

A. 存款准备金　　B. 法定存款准备金

C. 盈余公积金　　D. 法定盈余公积金

【答案】A

【解析】题干是存款准备金的概念。

27. 若法定存款准备金为 r，原始存款为 D_0，则简单货币乘数 m 为(　　)。

A. D_0/r　　B. $1/D_0$

C. r/D_0　　D. $1/r$

【答案】D

【解析】简单货币乘数 $m=1/r$。

28. 中央银行对市场进行政策调节时，效果最为强烈的政策工具是(　　)。

A. 法定存款准备金率　　B. 银行再贷款利率

C. 再贴现利率　　D. 存款利息率

【答案】A

【解析】法定存款准备金率是一种威力强大的货币政策工具，即使调整

幅度很小，也会引起货币供应量的巨大波动。

29. 一般性货币政策工具属于对货币（　　）的调节。

A. 总量　　B. 规模

C. 流通时间　　D. 流通速度

【答案】A

【解析】一般性货币政策工具属于对货币总量的调节，经常使用且其运用能对整个经济活动产生普遍性的影响。

30. 下列不属于创新型货币政策工具的是(　　)。

A. 短期流动性调节工具　　B. 常备借贷便利

C. 抵押补充贷款　　D. 消费者信用控制

【答案】D

【解析】创新型货币政策工具主要包括短期流动性调节工具、常备借贷便利、抵押补充贷款、中期借贷便利、临时流动性便利、临时准备金动用安排和定向中期借贷便利。消费者信用控制属于选择性货币政策工具。

31. 2017 年 6 月成立的（　　）是中国境内首家由境外股东控股的证券公司。

A. 汇丰前海证券　　B. 摩根大通证券中国有限公司

C. 瑞银证券　　D. 野村东方国际证券

【答案】A

【解析】汇丰前海证券是中国境内首家由境外股东控股的证券公司。

32. 全国首家获准扩大经营范围的外资保险经纪机构是(　　)。

A. 韦莱保险经纪公司

B. 香港友邦保险公司

C. 香港富卫人寿保险公司

D. 安联（中国）保险控股有限公司

【答案】A

【解析】韦莱保险经纪公司是全国首家获准扩大经营范围的外资保险经纪机构。

33. 资本市场按照市场功能的不同，可以将市场分为(　　)。

A. 场内交易市场和场外交易市场

B. 股票市场和债券市场

C. 公募市场和私募市场

D. 发行市场和交易市场

【答案】 D

【解析】 根据市场组织形式和交易活动是否集中统一分为场内交易市场和场外交易市场；根据交易品种分为股票、债券、衍生品、基金市场；根据发行和募集方式不同分为公募市场和私募市场。

34. 下列市场中，属于我国证券市场主板市场的是(　　)。

A. 银行间债券市场

B. 深圳证券交易所创业板

C. 全国中小企业股份转让系统

D. 深圳证券交易所中小板

【答案】 D

【解析】 中小企业板块属于在主板市场内增设的，实行两个不变和四个独立。

35. 中小企业板块的总体设计原则可以概括为“两个不变”和“四个独立”，下列说法不正确的是(　　)。

A. 两个不变是指中小企业板块运行所遵循的法律、法规和部门规章，以及发行上市条件和信息披露要求不变

B. 四个独立包括运行独立、监察独立、代码独立和指数独立

C. 运行独立是指中小企业板块的上市发行由独立的部门审核

D. 监察独立指交易所建立独立的监察系统，对中小企业板块实时监控

【答案】 C

【解析】 运行独立是指中小企业板块的交易由独立于主板市场交易系统的第二交易系统承担。

36. 下列关于我国中小企业板的说法中，错误的是(　　)。

A. 分步推进创业板市场的重要步骤

B. 企业上市的基本条件明显低于主板市场

C. 为中小企业提供直接融资平台

D. 在深圳证券交易所设立

【答案】B

【解析】中小企业板暂不降低发行上市标准，避免因发行上市标准变化带来的风险。

37. 下列不属于创业板市场功能的是(　　)。

A. 承担风险资本的退出窗口作用

B. 促进产业升级

C. 优化资源配置

D. 有“宏观经济晴雨表”之称

【答案】D

【解析】宏观经济“晴雨表”是对主板市场的称呼。

38. (　　)，全国中小企业股份转让系统有限责任公司成立，公司的主要业务是运营管理全国中小企业股份转让系统（俗称“新三板”）。

A. 1997 年 6 月 6 日　　B. 1999 年 9 月 9 日

C. 2001 年 6 月 12 日　　D. 2012 年 9 月 20 日

【答案】D

【解析】全国中小企业股份转让系统成立于 2012 年 9 月 20 日。

39. 下列关于全国中小企业股份转让系统的说法中，错误的是(　　)。

A. 主要为创新型、创业型、成长型中小微企业服务

B. 经国务院批准的全国性证券交易场所

C. 在全国中小企业股份转让系统挂牌的公司纳入非上市公众公司统一监管，股东人数不可以超过 200 人

D. 全国股份转让系统实行主办券商制度

【答案】C

【解析】股票在全国股份转让系统挂牌的公司为非上市公众公司，股东人数可以超过 200 人。

40. 做市商制度又称(　　)。

A. 大宗交易制度　　B. 证券商报价制度

C. 报价驱动制度　　D. 竞价交易制度

【答案】C

【解析】做市商制度又称报价驱动制度。

41. 证券公司为与特定交易对手在集中交易场所之外进行交易或为投资者在集中交易场所之外进行交易提供服务的场所或平台的是(　　)。

A. 区域性股权市场

B. 券商柜台市场

C. 机构间私募产品报价与服务系统

D. 私募基金市场

【答案】B

【解析】题干为券商柜台市场的概念。

42. 根据私募基金的分类，主要投资于公开交易的股份有限公司股票、债券、期货、期权等产品的私募基金是(　　)。

A. 创业投资基金　　B. 私募股权基金

C. 私募证券基金　　D. 其他类别私募基金

【答案】C

【解析】私募证券基金主要投资于公开交易的股票，债券，期货期权等产品。

43. 我国科创板市场于（　　）在上海证券交易所正式启动。

A. 2009 年　　B. 2010 年

C. 2015 年　　D. 2019 年

【答案】D

【解析】2019 年 6 月 13 日，科创板在上海举行了开板仪式。

44. 在科创板股票发行审核注册中，中国证监会承担的职责不包括(　　)。

A. 负责科创股票发行注册

B. 对上海证券交易所审核工作进行监督

C. 实施事前事中事后全过程监管

D. 核准科创板股票发行注册

【答案】D

【解析】科创板股票实行注册制无须核准。

45. 股票发行注册制以（　　）为核心。

A. 事前审批　　B. 宽进严出

C. 事后监管　　D. 信息披露

【答案】D

【解析】注册制的基本特点是以信息披露为核心。

46. 以下关于科创板股票退市流程的表述，不正确的是(　　)。

A. 科创板股票退市流程中取消了暂停上市、恢复上市环节

B. 已退市的科创板企业不再设置专门的重新上市环节

C. 科创板股票的退市整理期的交易期限为 30 个交易日

D. 科创板公司股票进入退市整理期的，投资者将不可阅读上市公司公告

【答案】D

【解析】科创板公司进入退市整理期，不影响投资者知情权。

47. 关于 2020 年我国创业板改革并试点注册制，下列说法不正确的是(　　)。

A. 创业板改革充分借鉴科创板改革经验

B. 创业板实施以信息披露为核心的股票发行注册制

C. 存量投资者适当性要求提高，对新开户投资者设置与风险相匹配的适当性要求

D. 创业板存量股票日涨跌幅限制由 10% 放宽至 20%

【答案】D

【解析】创业板注册制改革对存量投资者适当性要求基本保持不变。

48. 根据《创业板上市公司证券发行注册管理办法（试行)》创业板上

市公司发行深交所审核期限为（　　），中国证监会注册期限为(　　)。

A. 3 个月；30 个工作日　　B. 3 个月；20 个工作日

C. 2 个月；20 个工作日　　D. 2 个月；15 个工作日

【答案】D

【解析】创业板公司审核注册，深交所审核期限为 2 个月，中国证监会注册期限为 15 个工作日。

49. 下列关于改革后创业板与科创板差异说法，不正确的是(　　)。

A. 板块差异化定位是创业板与科创板最大的不同，创业板定位服务成长型创新创业企业，支持传统产业创新升级，确保实现与科创板的差异化发展

B. 发行上市制度方面，改革后的创业板大致与科创板相同，但在发行条件与发行承销等具体方面存在差异

C. 改革后创业板的发行条件较科创板上市门槛有所提高

D. 交易制度方面，改革后的创业板全面向科创板靠拢

【答案】C

【解析】改革后创业板的发行条件，综合考虑了预计市值、收入、净利润三套上市标准，上市发行门槛较科创板有所降低，实现了对不同成长阶段和不同类型的创新创业企业的支持。

50. 改革后创业板投资者交易权限需要开通前 20 个交易日资产日均不低于人民币（　　）万元，并具有（　　）年的证券交易经验。

A. 5；2　　B. 5；3

C. 10；2　　D. 50；2

【答案】C

【解析】创业板投资者交易权限需要开通前 20 个交易日，资产日均不低于人民币 10 万元，并具有 2 年的证券交易经验，相比于科创板 20 个交易日 50 万元的日均资产门槛大幅降低。

51. 下列关于创业板财务类退市标准说法，不正确的是(　　)。

A. 最近一个会计年度经审计的净利润为负值且营业收入低于 1 亿元，或追溯重述后最近一个会计年度净利润为负值且营业收入低于 1 亿元

B. 最近一个会计年度经审计的期末净资产为负值，或追溯重述后，最近一个会计年度期末净资产为负值

C. 最近一个会计年度的财务会计报告被出具无法表示意见或者否定意见

D. 营业收入或者利润主要来源于与主营业务无关的贸易业务

【答案】 D

【解析】 营业收入或者利润主要来源于与主营业务无关的贸易业务，属于科创板五种财务类退市标准之一。

二、组合型单项选择题

1. 1949—1978 年，为适应高度集中统一的计划经济体制，我国建立起大一统模式的金融体系，此时建立新中国金融体系的首要任务包括(　　)。

Ⅰ. 成立非银行金融机构

Ⅱ. 建立统一的人民币制度

Ⅲ. 成立新中国的金融机构体系

Ⅳ. 建立以中央银行为中心的多金融主体分工协作的金融体系

A. Ⅰ、Ⅱ　　B. Ⅰ、Ⅲ

C. Ⅱ、Ⅲ　　D. Ⅲ、Ⅳ

【答案】 C

【解析】 新中国金融体系的首要任务：建立统一的人民币制度和成立新中国的金融机构体系。

2. 我国货币市场建设始于 1984 年银行间同业拆借市场的建立，目前已经形成包括（　　）在内的统一的货币市场格局。

Ⅰ. 短期债券市场　　Ⅱ. 债券回购市场

Ⅲ. 票据贴现市场　　Ⅳ. 银行间同业拆借市场

A. Ⅰ、Ⅱ、Ⅲ　　B. Ⅰ、Ⅲ、Ⅳ

C. Ⅱ、Ⅲ、Ⅳ　　D. Ⅰ、Ⅱ、Ⅲ、Ⅳ

【答案】 D

【解析】 选项全部正确。

3. 我国债券市场发行债券包括利率债和信用债，下面关于利率债和信

用债的说法，正确的是(　　)。

Ⅰ. 利率债以政府信用为基础或以政府提供偿债支持为基础而发行

Ⅱ. 利率债风险小于信用债

Ⅲ. 铁路总公司发行的债券为信用债

Ⅳ. 信用债是以企业的商业信用为基础而发行的债券

A. Ⅰ、Ⅱ、Ⅲ　　B. Ⅰ、Ⅱ、Ⅳ

C. Ⅱ、Ⅲ、Ⅳ　　D. Ⅰ、Ⅲ、Ⅳ

【答案】B

【解析】Ⅲ项，铁路总公司属于政府支持机构，其发行的债券属于广义的利率债。

4. 信用债是以企业的商业信用为基础而发行的债券，我国信用债市场主要品种包括(　　)。

Ⅰ. 中期票据　　Ⅱ. 短期融资券

Ⅲ. 企业债　　Ⅳ. 国家开发银行金融债券

A. Ⅰ、Ⅱ、Ⅲ　　B. Ⅰ、Ⅲ、Ⅳ

C. Ⅱ、Ⅲ、Ⅳ　　D. Ⅰ、Ⅱ、Ⅲ、Ⅳ

【答案】A

【解析】国家开发银行发行的金融债属于利率债，信用债四个主要品种还包括公司债。

5. 我国股票市场分为场内市场和场外市场，场内市场包括(　　)。

Ⅰ. 沪深主板市场　　Ⅱ. 科创板市场

Ⅲ. 创业板市场　　Ⅳ. 全国中小企业股份转让系统

A. Ⅰ、Ⅱ、Ⅲ　　B. Ⅰ、Ⅲ、Ⅳ

C. Ⅱ、Ⅲ、Ⅳ　　D. Ⅰ、Ⅱ、Ⅲ、Ⅳ

【答案】D

【解析】选项全部正确。

6. 外汇市场发展与汇率市场化改革、资本开放进程、人民币国际化齐头并进，相辅相成，以下关于外汇市场的表述，正确的是(　　)。

Ⅰ. 人民币外汇市场包括在岸市场和离岸市场

Ⅱ. 银行间外汇市场交易方式分为竞价和询价两种，其中竞价交易占主导地位

Ⅲ. 我国银行间外汇市场初步具备价格发现、风险管理和配置资源功能

Ⅳ. 我国的外汇市场交易工具包括即期、远期和掉期等类型

A. Ⅰ、Ⅱ、Ⅲ　　B. Ⅰ、Ⅲ、Ⅳ

C. Ⅱ、Ⅲ、Ⅳ　　D. Ⅰ、Ⅱ、Ⅳ

【答案】 B

【解析】 银行间外汇市场交易方式分为竞价和询价，询价交易占主导地位。

7. 影响我国金融市场的因素来自诸多方面，包括经济、法律、市场等七个方面，其中关于经济因素的说法，正确的是(　　)。

Ⅰ. 经济因素是影响我国金融市场运行的最重要因素

Ⅱ. 除宏观经济因素外，其他经济因素仅能改变金融市场中期和短期走势

Ⅲ. 与财政政策、货币政策相比，收入政策具有更高一层次的调节功能

Ⅳ. 经济增长和财政金融行为属于纯粹的经济因素

A. Ⅰ、Ⅱ、Ⅲ　　B. Ⅰ、Ⅲ、Ⅳ

C. Ⅱ、Ⅲ、Ⅳ　　D. Ⅰ、Ⅱ、Ⅳ

【答案】 A

【解析】 经济增长和经济周期波动属于经济因素；宏观经济政策和财政金融行为属于混合因素。

8. 科技发展对金融市场运行有重大意义，信息技术对金融市场运行的影响包括(　　)。

Ⅰ. 信息技术有力地刺激了金融创新

Ⅱ. 信息披露更加及时，增加了金融机构的透明性，改变了金融监管的方式

Ⅲ. 信息技术的广泛应用促使全球统一金融市场的形成

Ⅳ. 信息技术的应用使国际金融和国内金融界限更加清晰

A. Ⅰ、Ⅱ、Ⅲ　　B. Ⅱ、Ⅲ

C. Ⅰ、Ⅲ、Ⅳ　　D. Ⅰ、Ⅱ、Ⅳ

【答案】A

【解析】信息技术的应用使国际金融和国内金融的界限日益模糊。

9. 商业银行的主要业务包括(　　)。

Ⅰ. 负债业务　　Ⅱ. 资产业务　　Ⅲ. 中间业务　　Ⅳ. 表外业务

A. Ⅰ、Ⅱ、Ⅲ　　B. Ⅰ、Ⅱ、Ⅳ

C. Ⅰ、Ⅲ、Ⅳ　　D. Ⅱ、Ⅲ、Ⅳ

【答案】B

【解析】商业银行的主要业务包括负债业务，资产业务和表外业务。理论界对中间业务界定存在分歧，国际银行界没有中间业务这一提法。

10. 商业银行的负债业务包括(　　)。

Ⅰ. 自有资金　　Ⅱ. 存款负债　　Ⅲ. 借款负债　　Ⅳ. 票据贴现

A. Ⅰ、Ⅱ、Ⅲ　　B. Ⅰ、Ⅱ、Ⅳ

C. Ⅰ、Ⅲ、Ⅳ　　D. Ⅱ、Ⅲ

【答案】A

【解析】商业银行的负债业务包括自有资金、存款负债、借款负债。

11. 商业银行的借款负债的渠道主要包括(　　)。

Ⅰ. 同业借款　　Ⅱ. 向中央银行借款

Ⅲ. 存款负债　　Ⅳ. 回购协议

A. Ⅰ、Ⅲ、Ⅳ　　B. Ⅰ、Ⅱ、Ⅳ

C. Ⅰ、Ⅱ、Ⅲ　　D. Ⅱ、Ⅲ、Ⅳ

【答案】B

【解析】商业银行的借款负债的渠道主要包括向中央银行借款、同业拆借、回购协议以及国外市场借款。

12. 表外业务是指商业银行从事的，按照现行的会计准则不计入资产负债表内，不形成现实资产负债，但能够引起当期损益变动的业务，表外业务包括但不限于(　　)。

Ⅰ. 担保承诺类业务　　Ⅱ. 代理投资融资服务类业务

Ⅲ. 中介服务类业务　　Ⅳ. 财务顾问类业务

A. Ⅰ、Ⅱ、Ⅲ　B. Ⅰ、Ⅱ、Ⅳ

C. Ⅰ、Ⅲ、Ⅳ　D. Ⅰ、Ⅱ、Ⅲ、Ⅳ

【答案】D

【解析】商业银行表外业务主要分为担保承诺类、代理投融资服务类、中介服务类、其他类等。其中其他类包括财务顾问类业务等。

13. 我国证券公司的主要业务包括(　　)。

Ⅰ. 证券承销业务　Ⅱ. 证券公司中间介绍业务

Ⅲ. 证券资产管理业务　Ⅳ. 另类投资业务

A. Ⅰ、Ⅱ　B. Ⅰ、Ⅱ、Ⅲ

C. Ⅱ、Ⅲ、Ⅳ　D. Ⅰ、Ⅱ、Ⅲ、Ⅳ

【答案】D

【解析】证券公司的主要业务包括证券经纪、证券投资咨询、与证券交易证券投资活动有关的财务顾问、证券承销与保荐、证券自营、证券资产管理、融资融券、证券公司中间介绍、私募投资基金和另类投资等业务。

14. 下列关于证券公司的表述，说法不准确的是(　　)。

Ⅰ. 证券公司是证券市场的主要参与者

Ⅱ. 作为中介机构，在证券市场运行中发挥着重要作用

Ⅲ. 证券市场投融资服务的买方

Ⅳ. 本身不是证券市场重要的机构投资者

A. Ⅰ、Ⅱ　B. Ⅱ、Ⅲ

C. Ⅰ、Ⅳ　D. Ⅲ、Ⅳ

【答案】D

【解析】证券公司是证券市场的主要中介机构，不是买方，另外它本身也是证券市场重要的机构投资者。

15. 我国中央银行的主要职责包括(　　)。

Ⅰ. 制定和执行货币政策

Ⅱ. 通过审慎有效的监管，增强市场信心

Ⅲ. 牵头负责系统性金融风险的防范和应急处置

Ⅳ. 制定和实施人民币汇率政策

A. Ⅰ、Ⅱ、Ⅲ　　　　B. Ⅰ、Ⅲ、Ⅳ

C. Ⅰ、Ⅱ、Ⅳ　　　　D. Ⅰ、Ⅱ、Ⅲ、Ⅳ

【答案】B

【解析】人民银行的职责有很多，不包括增强市场信心。

16. 中国证券监督管理委员会的基本职能包括(　　)。

Ⅰ. 归口管理证券业协会、期货业协会与证券投资基金业协会

Ⅱ. 监管境内企业直接或间接到境外发行股票、上市

Ⅲ. 加强对证券期货市场金融风险的防范和化解工作

Ⅳ. 制定有关证券市场的法律法规

A. Ⅰ、Ⅱ、Ⅲ　　　　B. Ⅰ、Ⅲ、Ⅳ

C. Ⅰ、Ⅱ、Ⅳ　　　　D. Ⅰ、Ⅱ、Ⅲ、Ⅳ

【答案】A

【解析】中国证监会负责起草证券期货市场的有关法律法规，没有制定的权利。

17. 我国增强金融服务实体经济能力的障碍与挑战中始终没有理顺的两个关系是(　　)。

Ⅰ. 金融监管和行业发展

Ⅱ. 银行与企业

Ⅲ. 预算软约束部门和硬约束部门

Ⅳ. 资本市场的投融资关系

A. Ⅰ、Ⅲ　　　　B. Ⅰ、Ⅳ

C. Ⅱ、Ⅲ　　　　D. Ⅲ、Ⅳ

【答案】B

【解析】金融监管和行业发展以及资本市场的投融资关系是始终没有理顺的两个关系。

18. 下列属于中央银行功能的是(　　)。

Ⅰ. 发行的银行　　Ⅱ. 银行的银行

Ⅲ. 人民的银行　　Ⅳ. 政府的银行

A. Ⅰ、Ⅱ、Ⅲ　　　　B. Ⅰ、Ⅱ、Ⅳ

C. Ⅱ、Ⅲ、Ⅳ　　D. Ⅰ、Ⅱ、Ⅲ、Ⅳ

【答案】B

【解析】中央银行的功能包括发行的银行、银行的银行和政府的银行。

19. 以下属于中央银行负债类业务的是(　　)。

Ⅰ. 储备货币

Ⅱ. 对其他金融性公司债权

Ⅲ. 不计入储备货币的金融公司存款

Ⅳ. 政府存款

A. Ⅰ、Ⅱ、Ⅲ　　B. Ⅰ、Ⅱ、Ⅳ

C. Ⅰ、Ⅲ、Ⅳ　　D. Ⅱ、Ⅲ、Ⅳ

【答案】C

【解析】对其他金融性公司债权属于资产类。

20. 中央银行的资产业务中，国外资产包括(　　)。

Ⅰ. 国际货币基金组织头寸　　Ⅱ. 特别提款权

Ⅲ. 其他多边合作银行的股权　　Ⅳ. 外汇缴存的人民币准备金

A. Ⅰ、Ⅱ、Ⅲ　　B. Ⅰ、Ⅲ、Ⅳ

C. Ⅱ、Ⅲ、Ⅳ　　D. Ⅰ、Ⅱ、Ⅲ、Ⅳ

【答案】D

【解析】选项全部正确。此外还包括其他存款性公司缴存的人民币准备金。

21. 决定货币乘数的大小的因素有(　　)。

Ⅰ. 法定准备金率　　Ⅱ. 超额准备金率

Ⅲ. 现金比率　　Ⅳ. 存款比率

A. Ⅰ、Ⅱ、Ⅲ　　B. Ⅰ、Ⅲ、Ⅳ

C. Ⅰ、Ⅱ、Ⅳ　　D. Ⅰ、Ⅱ、Ⅲ、Ⅳ

【答案】A

【解析】决定货币乘数的大小的因素：法定准备金率、超额准备金率、现金比率、定期存款与活期存款间的比率。

22. 下列关于货币乘数的说法中，正确的是(　　)。

Ⅰ. 货币乘数是指货币供给量对流通中货币的倍数关系

Ⅱ. 货币乘数是一单位准备金所产生的货币量

Ⅲ. 货币乘数的大小决定了货币供给扩张能力的大小

Ⅳ. 中央银行的初始货币提供量与社会货币最终形成量之间客观存在着数倍扩张（或收缩）的效果或反应，即所谓的乘数效应

A. Ⅰ、Ⅱ、Ⅲ　　B. Ⅰ、Ⅲ、Ⅳ

C. Ⅱ、Ⅲ、Ⅳ　　D. Ⅰ、Ⅱ、Ⅳ

【答案】 C

【解析】 货币乘数是基础货币和货币供给的倍数关系。

23. 一个完整的货币政策体系包括(　　)。

Ⅰ. 货币政策目标体系　　Ⅱ. 货币政策工具体系

Ⅲ. 货币政策操作程序　　Ⅳ. 货币政策执行体系

A. Ⅰ、Ⅱ、Ⅲ　　B. Ⅰ、Ⅲ、Ⅳ

C. Ⅱ、Ⅲ、Ⅳ　　D. Ⅰ、Ⅱ、Ⅲ、Ⅳ

【答案】 A

【解析】 一个完整的货币政策体系包括目标体系、工具体系、操作程序三大部分。

24. 货币政策的目标可以划分为(　　)。

Ⅰ. 中介目标　　Ⅱ. 最终目标

Ⅲ. 操作目标　　Ⅳ. 初级目标

A. Ⅰ、Ⅱ、Ⅲ　　B. Ⅰ、Ⅲ、Ⅳ

C. Ⅱ、Ⅲ、Ⅳ　　D. Ⅰ、Ⅱ、Ⅳ

【答案】 A

【解析】 货币政策的目标可以划分为三个层次：最终目标、中介目标和操作目标。

25. 一般来说，货币政策的最终目标包括(　　)。

Ⅰ. 稳定物价　　Ⅱ. 促进经济增长　　Ⅲ. 国际收支顺差

Ⅳ. 充分就业　　Ⅴ. 金融稳定

A. Ⅰ、Ⅱ、Ⅲ、Ⅳ　　B. Ⅰ、Ⅱ、Ⅳ、Ⅴ

C. Ⅰ、Ⅲ、Ⅳ、Ⅴ　　D. Ⅰ、Ⅱ、Ⅲ、Ⅳ、Ⅴ

【答案】B

【解析】Ⅲ项应为国际收支平衡。

26. 央行货币政策经常采用的中介目标包括(　　)。

Ⅰ. 货币供应量　Ⅱ. 银行信贷规模　Ⅲ. 长期利率　Ⅳ. 银行准备金

A. Ⅰ、Ⅱ、Ⅲ　　B. Ⅰ、Ⅲ、Ⅳ

C. Ⅱ、Ⅲ、Ⅳ　　D. Ⅰ、Ⅱ、Ⅳ

【答案】A

【解析】经常采用的货币政策中介目标包括银行信贷规模，货币供应量，长期利率等。银行准备金属于操作目标。

27. 下列关于一般性货币政策工具的表述，正确的是(　　)。

Ⅰ. 它是中央银行普遍或常规运用的货币政策工具

Ⅱ. 实施对象是局部的经济和某一领域的金融活动

Ⅲ. 可供选择的工具包括三大工具

Ⅳ. 侧重于对某些具体用途的信贷数量产生影响

A. Ⅰ、Ⅲ　　B. Ⅲ、Ⅳ

C. Ⅱ、Ⅳ　　D. Ⅰ、Ⅳ

【答案】A

【解析】一般货币政策工具是指中央银行普遍或常规运用的货币政策工具，其实施对象是整体经济和金融活动，主要包括存款准备金制度，再贴现政策和公开市场业务三大工具。

28. 一般性货币政策工具主要包括(　　)。

Ⅰ. 不动产信用控制　Ⅱ. 优惠利率

Ⅲ. 公开市场业务　Ⅳ. 再贴现政策

A. Ⅰ、Ⅲ　　B. Ⅲ、Ⅳ

C. Ⅰ、Ⅳ　　D. Ⅱ、Ⅳ

【答案】B

【解析】一般性货币政策工具包括存款准备金制度，再贴现政策，公开市场业务等。

29. 各种经济理论对货币政策的传导机制有不同的看法，归纳起来主要有(　　)。

Ⅰ. 利率传导机制　　Ⅱ. 信用传导机制

Ⅲ. 投资传导机制　　Ⅳ. 流动性传导机制

A. Ⅰ、Ⅱ　　B. Ⅱ、Ⅳ

C. Ⅲ、Ⅳ　　D. Ⅰ、Ⅲ

【答案】A

【解析】货币政策的传导机制主要有四种：利率传导机制、信用传导机制、资产价格传导机制、汇率传导机制。

30. 下列关于货币政策的传导机制的说法，正确的有(　　)。

Ⅰ. 利率传导机制的基本思路可以表示为：货币供应量↑→实际利率↓→投资↑→总产出↑

Ⅱ. 银行信贷渠道的运行机制可以表示为：货币供应量↑→银行存款和贷款↑→投资↑→总产出↑

Ⅲ. 托宾Q理论的传导机制可以表示为：货币供应量↑→股价↑→托宾Q↑→投资↑→总产出↑

Ⅳ. 汇率传导机制可表示为：货币供应量↑→实际利率↓→汇率↓→净出口↑→总产出↑

A. Ⅰ、Ⅱ、Ⅲ　　B. Ⅱ、Ⅲ、Ⅳ

C. Ⅰ、Ⅳ　　D. Ⅰ、Ⅱ、Ⅲ、Ⅳ

【答案】D

【解析】选项全部正确。

31. 在西方货币政策传导机制理论中，托宾Q理论的传导机制基本思路是(　　)。

Ⅰ. 企业的市场价值小于重置成本

Ⅱ. 企业的市场价值大于重置成本

Ⅲ. 此时企业很容易以相对较高的价格来发行较少的股票

Ⅳ. 此时企业难以相对较高的价格来发行较少的股票

A. Ⅰ、Ⅲ　　B. Ⅰ、Ⅳ

C. Ⅱ、Ⅲ　　D. Ⅱ、Ⅳ

【答案】C

【解析】企业市场价值大于重置成本，能够以相对较高的价格来发行较少的股票是托宾 Q 理论传导的基本思路。

32. 属于信用传导机制和资产价格传导机制共同变量的是(　　)。

Ⅰ. 净值　　Ⅱ. 托宾 Q　　Ⅲ. 股价　　Ⅳ. 投资

A. Ⅰ、Ⅱ　　B. Ⅱ、Ⅲ

C. Ⅲ、Ⅳ　　D. Ⅰ、Ⅲ

【答案】C

【解析】净值属于信用传导机制，托宾 Q 属于资产价格传导机制。

33. 2019 年中国证监会发布资本市场开放九大措施，下列关于九大措施内容的说法，正确的有(　　)。

Ⅰ. 全面推开 H 股“全流通”改革

Ⅱ. 按内外资一致原则，允许合资证券和基金管理公司的境外股东实现“一参一控”

Ⅲ. 合理设置综合类券商控股股东的资质要求

Ⅳ. 持续加大期货市场开放力度，扩大特定品种范围

A. Ⅰ、Ⅱ、Ⅲ　　B. Ⅰ、Ⅲ、Ⅳ

C. Ⅰ、Ⅱ、Ⅳ　　D. Ⅰ、Ⅱ、Ⅲ、Ⅳ

【答案】D

【解析】选项全部正确。

34. 下列属于资本市场对外开放新实践的是(　　)。

Ⅰ. 资本市场互联互通机制逐步建立健全

Ⅱ. 境外机构投资者持续增加对中国资本市场的配置

Ⅲ. 以人民币计价的资产越来越多被纳入国际指数

Ⅳ. 不断放开征信、评级、支付等资本市场基础设施领域的准入限制

A. Ⅰ、Ⅱ、Ⅲ　　B. Ⅰ、Ⅲ、Ⅳ

C. Ⅰ、Ⅱ、Ⅲ、Ⅳ　　D. Ⅱ、Ⅲ、Ⅳ

【答案】C

【解析】选项全部正确。此外还包括期货品种对外开放迈出实质性步伐。

35. 目前我国资本市场互联互通机制已逐步健全，现主要有(　　)。

Ⅰ. 沪深港通

Ⅱ. 沪伦通

Ⅲ. 上海证券交易所与日本交易所集团签署 ETF 互通协议

Ⅳ. 香港与内地债券通

A. Ⅰ、Ⅱ、Ⅲ、Ⅳ　　B. Ⅰ、Ⅲ、Ⅳ

C. Ⅱ、Ⅳ　　D. Ⅰ、Ⅱ、Ⅲ

【答案】A

【解析】选项全部正确。

36. 场外市场的特征具有(　　)。

Ⅰ. 挂牌标准较低，通常不对企业规模和盈利能力等情况进行要求

Ⅱ. 信息披露要求较低，监管较为宽松

Ⅲ. 交易制度通常采用竞价交易制度

Ⅳ. 交易制度通常采用做市商制度

A. Ⅰ、Ⅱ、Ⅲ　　B. Ⅰ、Ⅲ、Ⅳ

C. Ⅱ、Ⅲ、Ⅳ　　D. Ⅰ、Ⅱ、Ⅳ

【答案】D

【解析】竞价交易制度是交易所市场所采用的。

37. 证券公司在柜台市场发行、销售与转让私募产品可采取的方式包括但不限于(　　)。

Ⅰ. 协议　　Ⅱ. 拍卖竞价　　Ⅲ. 标购竞价　　Ⅳ. 集中竞价

A. Ⅰ、Ⅱ、Ⅲ　　B. Ⅰ、Ⅱ、Ⅳ

C. Ⅰ、Ⅲ、Ⅳ　　D. Ⅰ、Ⅱ、Ⅲ、Ⅳ

【答案】A

【解析】证券公司可以采取协议、报价、做市、拍卖竞价、标购竞价等

方式发行、销售与转让私募产品，不得采用集中竞价方式，法律法规有明确规定的除外。

38. 场外交易市场，即业界所称的 OTC 市场，它主要由（　　）组成。

Ⅰ. 柜台市场　　Ⅱ. 第三市场　　Ⅲ. 第四市场　　Ⅳ. 二级市场

A. Ⅰ、Ⅲ、Ⅳ　　B. Ⅰ、Ⅱ、Ⅳ

C. Ⅰ、Ⅱ、Ⅲ　　D. Ⅱ、Ⅲ、Ⅳ

【答案】 C

【解析】 场外交易市场，即业界所称的 OTC 市场，又称柜台交易市场或店头市场，主要由柜台市场、第三市场、第四市场组成。

39. 下列关于私募基金合格投资人的表述，正确的有(　　)。

Ⅰ. 投资于单只私募基金的金额不低于 100 万元

Ⅱ. 净资产不低于 1000 万元的单位

Ⅲ. 金融资产不低于 300 万元或最近三年个人年均收入不低于 50 万元的个人

Ⅳ. 金融资产不低于 500 万元或最近三年个人年均收入不低于 10 万元的个人

A. Ⅰ、Ⅱ、Ⅲ　　B. Ⅰ、Ⅱ、Ⅳ

C. Ⅱ、Ⅲ　　D. Ⅱ、Ⅳ

【答案】 A

【解析】 私募基金个人投资者要求金融资产不低于 300 万元，或者最近三年个人年均收入不低于 50 万元。

40. 多层次资本市场的意义包括(　　)。

Ⅰ. 有利于调动民间资本的积极性，转储蓄为投资

Ⅱ. 有利于创新宏观调控机制，提高间接融资比重，防范和化解经济风险

Ⅲ. 有利于促进科技创新，促进新兴产业发展和经济转型

Ⅳ. 有利于促进产业整合，缓解产能过剩

A. Ⅰ、Ⅱ、Ⅲ　　B. Ⅰ、Ⅲ、Ⅳ

C. Ⅱ、Ⅲ、Ⅳ　　D. Ⅰ、Ⅱ、Ⅲ、Ⅳ

【答案】B

【解析】Ⅱ项应当为提高直接融资比重。

41. 下列关于科创板重点服务的行业领域的说法中，正确的有(　　)。

Ⅰ. 新一代信息技术领域　　Ⅱ. 新材料领域

Ⅲ. 节能环保领域　　Ⅳ. 新能源领域

A. Ⅰ、Ⅱ、Ⅲ　　B. Ⅰ、Ⅲ、Ⅳ

C. Ⅱ、Ⅲ、Ⅳ　　D. Ⅰ、Ⅱ、Ⅲ、Ⅳ

【答案】D

【解析】选项全部正确。此外还包括高端装备、生物医药等高新技术产业和战略性新兴产业。

42. 根据《上海证券交易所科创板股票上市规则》，发行人申请在上交所科创板上市，应当符合的条件包括(　　)。

Ⅰ. 发行后股本总额不低于人民币 3000 万元

Ⅱ. 发行后股本总额不低于人民币 2000 万元

Ⅲ. 首次公开发行的股份达到公司股份总数的 25% 以上，公司股本总额超过人民币 3 亿元的，首次公开发行股份的比例为 5% 以上

Ⅳ. 首次公开发行的股份达到公司股份总数的 25% 以上，公司股本总额超过人民币 4 亿元的，首次公开发行股份的比例为 10% 以上

A. Ⅰ、Ⅲ　　B. Ⅰ、Ⅳ

C. Ⅱ、Ⅲ　　D. Ⅱ、Ⅳ

【答案】B

【解析】发行人申请在上交所科创板上市，发行后股本总额不低于人民币 3000 万元，首次公开发行的股份，达到公司股份总数的 25% 以上，公司股本总额超过人民币 4 亿元的，首次公开发行股份的比例为 10% 以上。

43. 根据《上海证券交易所科创板股票上市规则》的规定，下列关于科创板上市指标的说法中，正确的有(　　)。

Ⅰ. 预计市值不低于人民币 10 亿元，最近两年净利润均为正且累计净利润不低于人民币 5000 万元

Ⅱ. 预计市值不低于人民币 15 亿元，最近一年营业收入不低于人民币 2

亿元，或最近三年研发投入合计占最近三年营业收入的比例不低于15%

Ⅲ. 预计市值不低于人民币30亿元，且最近一年营业收入不低于人民币3亿元

Ⅳ. 预计市值不低于人民币40亿元，主要业务或产品需经国家有关部门批准

A. Ⅰ、Ⅱ、Ⅲ　　B. Ⅰ、Ⅱ、Ⅳ

C. Ⅰ、Ⅲ、Ⅳ　　D. Ⅱ、Ⅲ、Ⅳ

【答案】C

【解析】Ⅱ项应当为预计市值不低于人民币15亿元，最近一年营业收入不低于人民币2亿元，且最近三年研发投入合计占最近三年营业收入的比例不低于15%。

44. 科创板制度设计的创新点包括(　　)。

Ⅰ. 上市标准多元化　　Ⅱ. 发行审核注册制

Ⅲ. 发行定价市场化　　Ⅳ. 交易机制差异化

Ⅴ. 持续监管更具针对性

A. Ⅰ、Ⅱ、Ⅲ、Ⅳ　　B. Ⅰ、Ⅱ、Ⅳ、Ⅴ

C. Ⅰ、Ⅲ、Ⅳ、Ⅴ　　D. Ⅰ、Ⅱ、Ⅲ、Ⅳ、Ⅴ

【答案】D

【解析】选项全部正确。此外还包括退市制度从严化。

45. 科创板上市公司可能退市的情形主要包括(　　)。

Ⅰ. 重大违法强制退市　　Ⅱ. 交易类强制退市

Ⅲ. 财务类强制退市　　Ⅳ. 规范类强制退市

A. Ⅰ、Ⅲ　　B. Ⅰ、Ⅱ、Ⅳ

C. Ⅱ、Ⅲ、Ⅳ　　D. Ⅰ、Ⅱ、Ⅲ、Ⅳ

【答案】D

【解析】选项全部正确。

46. 下列关于创业板试点注册制制度安排的说法，正确的有(　　)。

Ⅰ. 构建市场化的发行承销制度，对新股发行定价不设任何行政性限制，建立以机构投资者为参与主体的询价、定价、配售等机制

Ⅱ. 完善创业板交易机制，放宽涨跌幅限制，优化转融通机制和盘中临时停牌制度

Ⅲ. 构建符合创业板上市公司特点的持续监督，监管规则体系，建立严格的信息披露规则体系并严格执行，提高信息披露的针对性和有效性

Ⅳ. 完善退市制度，简化退市程序，优化退市标准，对存量公司退市执行新的规则

A. Ⅰ、Ⅱ、Ⅲ　　B. Ⅰ、Ⅱ、Ⅳ

C. Ⅱ、Ⅲ、Ⅳ　　D. Ⅰ、Ⅱ、Ⅲ、Ⅳ

【答案】A

【解析】Ⅳ项对创业板存量公司退市设置一定的过渡期。

47. 保荐机构跟投方面，创业板对（　　）试行保荐机构相关子公司跟投制度。

Ⅰ. 未盈利企业　　Ⅱ. 特殊股权结构企业

Ⅲ. 红筹企业　　Ⅳ. 高价发行企业

A. Ⅰ、Ⅲ　　B. Ⅰ、Ⅱ、Ⅳ

C. Ⅱ、Ⅲ、Ⅳ　　D. Ⅰ、Ⅱ、Ⅲ、Ⅳ

【答案】D

【解析】选项全部正确。

第三章　证券市场主体

一、单项选择题

1. 证券市场融资活动是指（　　）之间以有价证券为媒介，实现资金融通的金融活动。

A. 公司（企业）和个人投资者　　B. 资金盈余单位和赤字单位

C. 证券发行单位和证券投资单位　　D. 证券公司和普通投资者

【答案】B

【解析】证券市场融资活动是指资金盈余单位和赤字单位之间以有价证券为媒介，实现资金融通的金融活动。

2. 下列关于证券市场融资活动的特征，说法不正确的是(　　)。

A. 证券市场融资是直接融资

B. 证券市场融资是一种强市场性的融资活动

C. 证券市场融资在证券中介服务体系的支持下完成

D. 证券市场融资需要各种证券中介机构支持，属于间接融资

【答案】D

【解析】证券市场融资虽然需要各种证券中介机构支持，但属于直接融资。

3. 中央政府发行债券被视为(　　)。

A. 高风险债券　　B. 低风险债券

C. 无风险债券　　D. 一般风险债券

【答案】C

【解析】通常情况下，中央政府债券不存在违约风险。

4. 小何想要建立一家企业充分发挥自身才能，但是由于资金不足，想要通过发行股票的方式筹集资金，那么小何可以选择建立的企业为(　　)。

A. 个人独资企业　　B. 合伙企业

C. 有限责任公司　　D. 股份有限公司

【答案】D

【解析】只有股份有限公司才能发行股票。

5. 在上市公司增资发行的方式中，(　　) 是股份公司向不特定对象公开募集股份的增资方式。

A. 公开增发　　B. 定向增发

C. 发行可转换公司债券　　D. 配股

【答案】A

【解析】向不特定对象公开募集股份的增资方式是公开增发。

6. 公司发行可转换债券的主要动因是(　　)。

A. 保护原股东的权益及其对公司的控制权

B. 扩大股东人数，分散股权，增强股票的流通性

C. 增强证券对投资者的吸引力，能以较低的成本筹集到所需要的资金

D. 可以对认购者的持股期限有所限制

【答案】C

【解析】选项 A 保护原股东的权益及其对公司的控制权是对配股的表述；选项 B 扩大股东人数，分散股权，增强股票的流通性是增发的特点；选项 D 可以对认购者的持股期限有所限制是针对定向增发。

7. 以下关于证券市场投资者的说法，不正确的是(　　)。

A. 从交易金额来看，在我国证券交易市场上，专业机构投资者占比重超过 50%

B. 众多的证券投资者保证了证券发行和交易的连续性，是推动证券市场价格形成和流动性的根本动力

C. 证券市场的投资者种类较多，按投资者身份，可以分为机构投资者和个人投资者

D. 个人投资者是证券市场最广泛的投资者

【答案】A

【解析】从交易金额占比来看，近几年自然人投资者交易额占比均在

80%以上。

8. 下列关于政府机构的说法中，错误的是(　　)。

A. 政府机构参与证券投资的目的主要是调剂资金余缺、进行宏观调控、实行特定产业政策

B. 我国国有资产管理部门通过国家控股、参股来支配更多社会资源

C. 中央银行通过买卖政府债券或金融债券，影响货币供应量，进行宏观调控

D. 政府可成立专门机构参与证券市场交易，减少理性的市场震荡

【答案】D

【解析】政府可成立专门机构参与证券市场交易，减少非理性的市场震荡。

9. 按照我国《证券法》的规定，证券公司可以通过从事证券自营业务和证券资产管理业务，以自己的名义或代其客户进行(　　)。

A. 基金申赎　　B. 证券投资

C. 股票买卖　　D. 债券买卖

【答案】B

【解析】进行证券投资的说法最为全面。

10. 就单个上市公司的持股比例而言，单个境外机构的投资限额与国内基金一样，不得超过该公司总股份的（　　），全部境外机构对单个上市公司的持股上限为(　　)。

A. 5%；10%　　B. 5%；20%

C. 10%；30%　　D. 20%；50%

【答案】C

【解析】单个境外机构持有一家上市公司总股本的比例上限为10%，全部境外机构对单个上市公司的持股上限为30%。

11. 经中国证监会批准在中华人民共和国境内募集资金，运用所募集的部分或者全部资金以资产组合的方式进行境外证券投资管理的境内基金管理公司和证券公司等证券经营机构可简称为(　　)。

A. ETF　　B. QDII

C. QFII　　D. RQFII

【答案】B

【解析】题干是合格境内机构投资者（QDII）。

12. 同一境内机构投资者管理的全部基金、集合计划持有的任何一只境外基金，不得超过该境外基金总份额的(　　)。

A. 5%　　B. 10%

C. 15%　　D. 20%

【答案】D

【解析】同一境内机构投资者管理的全部基金、集合计划持有的任何一只境外基金，不得超过该境外基金总份额的 20%。

13. 现行全国社保基金理事会直接运作的社保基金的投资范围仅限于(　　)、在一级市场购买国债，其他投资需委托社保基金投资管理人管理和运作并委托社保基金托管人托管。

A. 银行存款　　B. 股票

C. 期货　　D. 有价证券

【答案】A

【解析】全国社保基金理事会直接运作的社保基金，投资范围仅限于银行存款和在一级市场购买国债。

14. 按照《基本养老保险基金投资管理办法》的规定，养老基金投资股票、股票基金、混合基金、股票型养老金产品的比例，合计不得高于养老基金资产净值的（　　）。养老基金不得直接投资于权证，但因投资股票、分离交易可转换债等投资品种而衍生获得的权证，应当在权证上市交易之日起（　　）个交易日内卖出。

A. 20%；5　　B. 30%；10

C. 50%；15　　D. 60%；20

【答案】B

【解析】养老基金投资股票、股票基金、混合基金、股票型养老金产品的比例，合计不得高于养老基金资产净值的 30%。企业年金基金因投资股票、分离交易可转换债等投资品种而衍生获得的权证，应当在权证上市交易之日起 10 个交易日内卖出。

15. 按照《慈善组织保值增值投资活动管理暂行办法》的规定，在下列活动中，慈善组织可以开展的投资活动是(　　)。

A. 直接购买银行、信托、证券、基金、期货、保险资产管理机构、金融资产投资公司等金融机构发行的资产管理产品

B. 直接购买商品及金融衍生品类产品

C. 直接投资二级市场股票

D. 投资人身保险产品

【答案】 A

【解析】 除选项 A 外，慈善组织可以开展投资活动，还包括：通过发起设立、并购、参股等方式直接进行股权投资；将财产委托给受金融监督管理部门监管的机构进行投资。

16. 中国资本市场首部专门规范适当性管理的行政规章《证券期货投资者适当性管理办法》，于 2016 年 12 月 12 日由（　　）发布，这是投资者保护领域的基础性制度，其核心理念就是“将适当的产品销售给适当的投资者”。

A. 国务院　　B. 中国证监会

C. 中国证券业协会　　D. 原中国银监会

【答案】 B

【解析】 2016 年 12 月 12 日《投资者适当性管理办法》是由中国证监会发布的。

17. 1987 年，（　　）证券公司成立，这是我国第一家专业性证券公司。

A. 上海　　B. 深圳

C. 深圳特区　　D. 上海浦东

【答案】 C

【解析】 深圳特区证券公司是我国第一家专业性证券公司。

18. 上海证券交易所成立的时间是(　　)。

A. 1990 年 12 月 19 日　　B. 1991 年 9 月 26 日

C. 1992 年 10 月 26 日　　D. 1998 年 12 月 26 日

【答案】A

【解析】上海证券交易所成立于 1990 年 12 月 19 日。

19. 风险控制指标体系和风险监管制度的核心是(　　)。

A. 净资本和流动性　　B. 固定资本和流动性

C. 流动资本和流动性　　D. 注册资本和流动性

【答案】A

【解析】2016 年修订的《证券公司风险控制指标管理办法》建立了以净资本和流动性为核心的风险控制指标体系。

20. (　　)是健全证券公司内部约束机制、实现内部约束与外部监管有机互动的重要措施，有利于推动监管机制从行政监管为主向行政监管、行业自律和公司自我约束有机结合转变。

A. 信息报送与披露制度　　B. 业务许可制度

C. 分类监管制度　　D. 合规管理制度

【答案】D

【解析】合规管理制度是健全证券公司内部约束机制、实现内部约束与外部监管有机互动的重要措施。

21. (　　)是指证券公司、证券投资咨询机构接受客户委托，按照约定向客户提供涉及证券及证券相关产品的投资建议服务，辅助客户作出投资决策，并直接或者间接获取经济利益的经营活动。

A. 证券经纪业务　　B. 证券投资顾问业务

C. 证券投资咨询业务　　D. 证券资产管理业务

【答案】B

【解析】题干为证券投资顾问业务的概念。

22. 证券公司代理证券发行人发行证券的行为，称为(　　)。

A. 证券代销　　B. 证券承销

C. 证券发行　　D. 证券包销

【答案】B

【解析】题干为证券承销的概念。

23. 证券公司以自己的名义，以自有资金或者依法筹集的资金，为本公司买卖在境内证券交易所上市交易的证券，在境内银行间市场交易的政府债券、国际开发机构人民币债券、央行票据、金融债券、短期融资券、公司债券、中期票据和企业债券，以及经中国证监会批准或者备案发行并在境内金融机构柜台交易的证券，以获取盈利的行为被称为(　　)。

A. 证券保荐业务

B. 证券资产管理业务

C. 证券自营业务

D. 融资融券业务

【答案】C

【解析】题干为证券自营业务的概念。

24. 证券公司从事资产管理业务，以下说法错误的是(　　)。

A. 为单一投资者设立单一资产管理计划

B. 为多个投资者设立集合资产管理计划

C. 单一资产管理计划可以接受货币资金委托，或者接受其他金融资产资金委托

D. 集合资产管理计划原则上应接受投资者合法持有的股票、债券等其他金融资产资金委托

【答案】D

【解析】原则上集合资产管理计划应接受货币资金委托。

25. 开放式资产管理计划应当明确投资者参与、退出的时间、次数、程序以及限制事项。开放式集合资产管理计划每（　　）个月至多开放（　　）次计划份额的参与、退出，中国证监会另有规定的除外。

A. 6；1

B. 3；1

C. 3；2

D. 1；1

【答案】B

【解析】开放式资产管理计划每三个月至多开放一次计划份额的参与、退出。

26.（　　）是指在证券市场上，由具备一定实力和信誉的证券经营法人作为特许交易商，不断向交易者报出某些特定证券的买入价和卖出价，并在所报价位上接受投资者的买卖要求，保证即时成交的证券交易方式。

A. 经纪商　　B. 做市商

C. 中间商　　D. 交易商

【答案】B

【解析】题干是做市商制度的概念。

27. 证券公司为期货公司提供中间介绍业务（IB 业务）时，可以提供（　　）服务。

A. 期货交易的代理　　B. 办理期货保证金业务

C. 协助办理开户手续　　D. 期货交易的结算和风险控制

【答案】C

【解析】证券公司中间介绍业务包括：协助办理开户手续，提供期货行情信息交易设施，中国证监会规定的其他服务。

28. 按照《证券公司私募投资基金子公司管理规范》的规定，证券公司设立私募基金子公司，最近（　　）个月各项风险控制指标符合中国证监会及中国证券业协会的相关要求，且设立私募基金子公司后，各项风险控制指标仍持续符合规定。

A. 12　　B. 6

C. 3　　D. 1

【答案】B

【解析】证券公司设立私募基金子公司，要求最近 6 个月各项风险控制指标符合相关要求。

29. 私募基金子公司根据税收、政策、监管、合作方需求等需要下设基金管理机构等特殊目的机构的，应当持有该机构（　　）以上的股权或出资，且拥有管理控制权。

A. 70%　　B. 50%

C. 35%　　D. 25%

【答案】C

【解析】私募基金子公司下设特殊目的机构的，应当持有该机构 35% 以上的股权或出资，且拥有管理控制权。

30. 2018 年 11 月 27 日，（　　）成为《外商投资证券公司管理办法》实施后首家外资控股证券公司。

A. 瑞银证券　　B. 摩根大通证券中国有限公司

C. 野村东方国际证券有限公司　　D. 瑞信方正证券

【答案】A

【解析】瑞银证券是我国《外商投资证券公司管理办法》实施后首家外资控股证券公司。

31. 证券金融公司开展转融通业务，下列（　　）不是以自己的名义在证券登记结算机构分别开立的账户。

A. 转融通专用证券账户　　B. 转融通担保证券账户

C. 转融通证券交收账户　　D. 转融通专用资金账户

【答案】D

【解析】证券金融公司开展转融通业务，应当以自己的名义开立转融通专用证券账户，转融通担保证券账户，转融通证券交收账户。转融通专用资金账户，在商业银行开立。

32. 以下关于证券金融公司应当遵守的风险控制指标规定，不正确的是(　　)。

A. 净资本与各项风险资本准备之和的比例不得低于 100%

B. 冲抵保证金的每种证券余额不得超过该证券市值的 15%

C. 对某一证券公司转融通的余额，不得超过证券金融公司净资本的 100%

D. 融出的每种证券余额不得超过该证券上市可流通市值的 10%

【答案】C

【解析】对某一证券公司转融通的余额，不得超过证券金融公司净资本的 50% 。

33. 若甲证券金融公司从事转融通业务的年税后利润为 480 万元，则当年甲证券金融公司应提取的准备金为(　　)。

A. 14.4 万元　　B. 24 万元

C. 38.4 万元　　D. 48 万元

【答案】D

【解析】证券金融公司从事转融通业务的，每年按税后利润的 10% 提取准备金。

34. 证券服务机构应当妥善保存客户委托文件、核查和验证资料、工作底稿以及与质量控制、内部管理、业务经营有关的信息和资料，并且保存期限不得少于（　　）年，自业务委托结束之日起算。

A. 5　　B. 10

C. 20　　D. 30

【答案】B

【解析】题干所述情形保存期限不得少于 10 年。

35. 选举和罢免理事属于我国证券交易所（　　）的职权。

A. 理事会　　B. 监察委员会

C. 会员大会　　D. 专门委员会

【答案】C

【解析】会员大会是证券交易所的最高权力机构，选举和罢免会员理事属于会员大会的职权。

36. 下列关于我国证券交易所理事会的有关说法，错误的是(　　)。

A. 理事会会议至少每半年召开一次

B. 理事会会议决议应当在会议结束后两个工作日向中国证监会报告

C. 理事会会议须有三分之二以上理事出席

D. 理事会会议决议应当经出席会议的三分之二以上理事表决同意方为有效

【答案】A

【解析】理事会会议至少每季度召开一次，会员大会每年召开一次。

37. 对于证券交易所监事会人员表述，不正确的是(　　)。

A. 证券交易所监事会人员不得少于 5 人，其中职工监事不得少于 1 名

B. 专职监事不得少于 1 名，由中国证监会委派

C. 证券交易所理事、高级管理人员可以兼任监事

D. 会员监事由会员大会选举产生，职工监事由职工大会、职工代表大会或者其他形式民主选举产生

【答案】C

【解析】证券交易所理事、高级管理人员不得兼任监事。

38. 1918 年夏天成立的（　　）是中国人自己创办的第一家证券交易所。

A. 上海证券交易所　　B. 北京证券交易所

C. 青岛市物品证券交易所　　D. 天津市企业交易所

【答案】B

【解析】北京证券交易所是中国人自己创办的第一家证券交易所。

39. 下列关于中国证券业协会的说法，错误的是(　　)。

A. 中国证券业协会采取会员制的组织形式，最高权力机构是由全体会员组成的会员大会

B. 中国证券业协会是行业自律性组织

C. 中国证券业协会是按有关规定设立的非营利性社会团体法人

D. 中国证券业协会章程由会员大会制定，并报中国证监会批准

【答案】D

【解析】中国证券业协会章程由会员大会制定，并报中国证监会备案。

40. 当证券投资者保护基金有限责任公司发现证券公司经营管理中出现可能危及投资者利益和证券市场安全的重大风险时，应当向（　　）提出监管处置建议。

A. 证券公司　　B. 中国证券业协会

C. 证券交易所　　D. 中国证监会

【答案】D

【解析】选项中只有中国证监会有权进行监管处置。

41. 我国证券市场监管的主要任务是(　　)。

A. 营造公开、公平、公正的市场环境和保护投资者利益

B. 形成证券市场的法制秩序

C. 追求自律规范的市场秩序

D. 优先保护投资者利益

【答案】A

【解析】各国证券监管都把营造公开、公平、公正的市场环境和保护投资者利益作为主要任务。

42. 在调查操纵证券市场、内幕交易等重大证券违法行为时，经国务院证券监督管理机构主要负责人或者其授权的其他负责人批准，可以限制被调查事件当事人的证券买卖，但限制的期限不得超过(　　)。

A. 15 个交易日　　B. 20 个交易日

C. 3 个月　　D. 1 年

【答案】C

【解析】题干所述情形限制的期限不得超过 3 个月，案情复杂的可以延长 3 个月。

二、组合型单项选择题

1. 证券市场融资活动的方式主要包括(　　)。

Ⅰ. 股票融资　　Ⅱ. 债券融资　　Ⅲ. 投资基金融资

A. Ⅰ、Ⅱ　　B. Ⅰ、Ⅲ

C. Ⅱ、Ⅲ　　D. Ⅰ、Ⅱ、Ⅲ

【答案】D

【解析】证券市场的融资活动主要包括股票融资、债券融资、投资基金融资。

2. 证券发行人主要包括(　　)。

Ⅰ. 政府及其机构　　Ⅱ. 企业（公司）

Ⅲ. 金融机构　　Ⅳ. 个别自然人

A. Ⅰ、Ⅱ、Ⅲ　　B. Ⅰ、Ⅲ、Ⅳ

C. Ⅱ、Ⅲ、Ⅳ　　D. Ⅰ、Ⅱ、Ⅲ、Ⅳ

【答案】A

【解析】证券发行人主要包括政府及其机构、企业（公司）和金融机构。

3. 中央银行作为证券发行主体，主要涉及两类证券(　　)。

Ⅰ. 中央银行股票

Ⅱ. 中央银行出于调控货币供给量目的而发行的特殊债券

Ⅲ. 国债

Ⅳ. 政府债券

A. Ⅰ、Ⅱ　　　　B. Ⅰ、Ⅲ、Ⅳ

C. Ⅱ、Ⅲ、Ⅳ　　　　D. Ⅰ、Ⅱ、Ⅲ、Ⅳ

【答案】A

【解析】中央银行作为证券发行主体，主要涉及两类证券：中央银行股票和中央银行出于调控货币供给量目的而发行的特殊债券。

4. 按照我国《上市公司证券发行管理办法》的规定，上市公司再融资的方式有(　　)。

Ⅰ. 向原股东配售股份

Ⅱ. 向特定对象公开募集股份

Ⅲ. 发行可转换公司债券

Ⅳ. 非公开发行股票

A. Ⅰ、Ⅱ、Ⅲ　　　　B. Ⅰ、Ⅱ、Ⅳ

C. Ⅰ、Ⅲ、Ⅳ　　　　D. Ⅰ、Ⅱ、Ⅲ、Ⅳ

【答案】C

【解析】上市公司再融资的方式包括：向原股东配售股份、向不特定对象公开募集股份、发行可转换公司债券、非公开发行股票。

5. 非公开发行股票，也被称为定向增发，是股份公司向特定对象发行股票的增资方式。特定对象包括(　　)。

Ⅰ. 公司控股股东

Ⅱ. 与公司业务有关的企业

Ⅲ. 公司的员工

Ⅳ. 证券公司

A. Ⅰ、Ⅱ、Ⅲ　　B. Ⅰ、Ⅱ、Ⅳ

C. Ⅰ、Ⅲ、Ⅳ　　D. Ⅰ、Ⅱ、Ⅲ、Ⅳ

【答案】D

【解析】非公开发行股票也称定向增发，是股份公司向特定对象发行股票的增发方式。特定对象包括公司控股股东、实际控制人及其控制的企业，与公司业务有关的企业、往来银行；证券投资基金、证券公司等金融机构；公司董事、员工等。

6. 金融债券作为一种特殊类型的债券，它具有以下（　　）特点。

Ⅰ. 金融债券表示的是银行等金融机构与金融债券持有者之间的债权债务关系

Ⅱ. 金融债券一般不记名、不挂失，不可以抵押和转让

Ⅲ. 我国金融债券的发行对象主要是个人

Ⅳ. 金融债券的利息不记复利，不能提前支取，延期兑付也不计逾期利息

A. Ⅰ、Ⅱ、Ⅲ　　B. Ⅰ、Ⅲ、Ⅳ

C. Ⅰ、Ⅱ、Ⅳ　　D. Ⅰ、Ⅱ、Ⅲ、Ⅳ

【答案】B

【解析】金融债券一般不记名、不挂失，但可以抵押和转让。

7. 相比个人投资者，机构投资者具有以下（　　）特点。

Ⅰ. 投资资金规模化　　Ⅱ. 投资管理专业化

Ⅲ. 投资结构组合化　　Ⅳ. 投资行为规范化

A. Ⅰ、Ⅱ、Ⅲ　　B. Ⅰ、Ⅲ、Ⅳ

C. Ⅱ、Ⅲ、Ⅳ　　D. Ⅰ、Ⅱ、Ⅲ、Ⅳ

【答案】D

【解析】选项全部正确。

8. 机构投资者作为金融市场的主要参与者，其规范、自律经营对防范金融风险、维护金融稳定有着重要意义。机构投资者在金融市场中的作用主要包括(　　)。

Ⅰ. 有利于改善储蓄转化为投资的机制与效率，促进间接融资

Ⅱ. 有利于促进不同金融市场之间的有机结合与协调发展，健全金融市场运行机制

Ⅲ. 有助于分散金融风险，促进金融体系的稳定运行

Ⅳ. 有助于实现社会保障体系与宏观经济的良性互动发展

A. Ⅰ、Ⅱ、Ⅲ　　B. Ⅰ、Ⅲ、Ⅳ

C. Ⅱ、Ⅲ、Ⅳ　　D. Ⅰ、Ⅱ、Ⅲ、Ⅳ

【答案】C

【解析】Ⅰ项应为发展机构投资者有助于促进直接融资。

9. 银行业金融机构可投资的证券种类有(　　)。

Ⅰ. 政府债券　　Ⅱ. 信托证券

Ⅲ. 公司债券　　Ⅳ. 金融债券

A. Ⅰ、Ⅲ　　B. Ⅰ、Ⅳ

C. Ⅱ、Ⅲ　　D. Ⅱ、Ⅲ、Ⅳ

【答案】B

【解析】银行业金融机构可用自有资金买卖政府债券和金融债券；除国家另有规定外，不得从事信托投资和证券经营，不得向非自用不动产投资或者向非银行金融机构和企业投资。

10. QFII 是在一定规定和限制下（　　），通过严格监管的专门账户投资（　　），其资本利得、股息等经审核后可转为外汇汇出的一种市场开放模式。

Ⅰ. 汇入一定额度的外汇资金，并转换为当地货币

Ⅱ. 汇出一定额度的本币资金，并转换为外地货币

Ⅲ. 当地证券市场

Ⅳ. 外地证券市场

A. Ⅰ、Ⅲ　　B. Ⅰ、Ⅳ

C. Ⅱ、Ⅲ　　D. Ⅱ、Ⅳ

【答案】A

【解析】QFII 是在一定规定和限制下，汇入一定额度的外汇资金，并转换为当地货币，通过严格监管的专门账户投资当地证券市场，其资本利得、

股息等经审核后可转为外汇汇出的一种市场开放模式。

11. 下列机构符合合格境外机构投资者（QFII）资产管理条件的有(　　)。

Ⅰ. 资产管理机构经营资产管理业务 2 年以上，最近一个会计年度管理的证券资产不少于 5 亿美元

Ⅱ. 保险公司成立 2 年以上，最近一个会计年度持有的证券资产不少于 5 亿美元

Ⅲ. 证券公司经营证券业务 5 年以上净资产不少于 5 亿美元，最近一个会计年度管理的证券资产不少于 50 亿美元

Ⅳ. 商业银行经营银行业务 10 年以上，一级资本不少于 3 亿美元，最近一个会计年度管理的证券资产不少于 50 亿美元

A. Ⅰ、Ⅱ、Ⅲ　　B. Ⅰ、Ⅲ、Ⅳ

C. Ⅱ、Ⅳ　　D. Ⅰ、Ⅱ、Ⅲ、Ⅳ

【答案】 D

【解析】 选项全部正确。此外其他资产管理机构（养老基金，慈善基金会，捐赠基金，信托公司，政府投资管理公司等）：成立 2 年以上，最近一个会计年度管理或持有的证券资产不少于 5 亿美元。

12. 合格境外机构投资者在经批准的投资额度内，可以投资于中国证监会批准的人民币金融工具有(　　)。

Ⅰ. 在证券交易所挂牌交易的股票

Ⅱ. 在证券交易所挂牌交易的债券

Ⅲ. 证券投资基金

Ⅳ. 在证券交易所挂牌交易的权证

A. Ⅰ、Ⅱ、Ⅲ　　B. Ⅰ、Ⅲ、Ⅳ

C. Ⅰ、Ⅱ、Ⅳ　　D. Ⅰ、Ⅱ、Ⅲ、Ⅳ

【答案】 D

【解析】 合格境外机构投资者具有广泛的投资权限。

13. 基金管理公司申请境内机构投资者资格应当具备的条件有(　　)。

Ⅰ. 净资产不少于 2 亿元人民币

Ⅱ. 经营证券投资基金管理业务达 3 年以上

Ⅲ. 在最近一个季度末资产管理规模不少于 200 亿元人民币或等值外汇资产

Ⅳ. 最近 3 年没有受到监管机构的重大处罚，没有重大事项正在接受司法部门、监管机构的立案调查

A. Ⅰ、Ⅱ、Ⅲ　　B. Ⅰ、Ⅲ、Ⅳ

C. Ⅰ、Ⅱ、Ⅳ　　D. Ⅰ、Ⅱ、Ⅲ、Ⅳ

【答案】 B

【解析】 经营证券投资基金管理业务达 2 年以上。

14. 下列选项中，QDII 基金可以投资的有(　　)。

Ⅰ. 资产支持证券　　Ⅱ. 可转让存单

Ⅲ. 银行承兑汇票　　Ⅳ. 贵金属

A. Ⅰ、Ⅱ、Ⅲ　　B. Ⅰ、Ⅲ、Ⅳ

C. Ⅱ、Ⅲ、Ⅳ　　D. Ⅰ、Ⅱ、Ⅲ、Ⅳ

【答案】 A

【解析】 QDII 基金不得投资贵金属。

15. 我国现行的规定是，各类企业可(　　)。

Ⅰ. 参与股票配售　　Ⅱ. 投资股票二级市场

Ⅲ. 投资中小板　　Ⅳ. 投资境外股票市场

A. Ⅰ、Ⅱ、Ⅲ　　B. Ⅰ、Ⅱ

C. Ⅰ、Ⅲ、Ⅳ　　D. Ⅱ、Ⅲ、Ⅳ

【答案】 B

【解析】 我国现行的规定是各类企业可参与股票配售，也可投资于股票二级市场。

16. 基金类投资者包括(　　)。

Ⅰ. 证券投资基金　　Ⅱ. 社保基金

Ⅲ. 企业年金　　Ⅳ. 社会公益基金

A. Ⅰ、Ⅱ、Ⅲ　　B. Ⅰ、Ⅲ、Ⅳ

C. Ⅱ、Ⅲ、Ⅳ　　D. Ⅰ、Ⅱ、Ⅲ、Ⅳ

【答案】D

【解析】基金类投资者包括证券投资基金、社保基金、企业年金和社会公益基金。

17. 全国社会保障基金是由（　　）构成，是国家社会保障储备基金。

Ⅰ. 中央财政预算拨款

Ⅱ. 国有资本划转

Ⅲ. 基金投资收益

Ⅳ. 以国务院批准的其他方式筹集的资金

A. Ⅰ、Ⅱ、Ⅲ　　B. Ⅰ、Ⅲ、Ⅳ

C. Ⅱ、Ⅲ、Ⅳ　　D. Ⅰ、Ⅱ、Ⅲ、Ⅳ

【答案】D

【解析】选项全部正确。

18. 根据不同的投资者对风险的不同态度，理论上可以将投资者分为(　　)。

Ⅰ. 风险偏好型　　Ⅱ. 风险中立型

Ⅲ. 风险回避型　　Ⅳ. 风险模糊型

A. Ⅰ、Ⅱ、Ⅲ　　B. Ⅰ、Ⅳ

C. Ⅱ、Ⅲ、Ⅳ　　D. Ⅰ、Ⅱ、Ⅲ、Ⅳ

【答案】A

【解析】不同的投资者对风险态度各不相同，理论上可以区分为风险偏好型，风险中立型和风险回避型。

19. 投资者适当性管理工作主要是以经营机构适当性义务为主线展开的，包括(　　)。

Ⅰ. 以判断投资者风险承受力为目标的投资者分类义务

Ⅱ. 以判断产品风险等级为目标的产品分级义务

Ⅲ. 以保护投资者利益为目标的投资者保护义务

Ⅳ. 以“将适当的产品销售给适当的投资者”为目标的销售匹配义务

A. Ⅱ、Ⅲ　　B. Ⅰ、Ⅲ、Ⅳ

C. Ⅰ、Ⅱ、Ⅳ　　D. Ⅰ、Ⅱ、Ⅲ、Ⅳ

【答案】C

【解析】投资者适当性管理就是通过一系列措施，让“适合的投资者购买恰当的产品”，避免在金融产品销售过程中，将金融产品提供给风险并不匹配的投资群体，导致投资者由于误解而发生较大风险。

20. 下列关于证券公司的表述，说法不准确的是(　　)。

Ⅰ. 证券公司是证券市场的主要参与者

Ⅱ. 作为中介机构，在证券市场运行中发挥着重要作用

Ⅲ. 证券市场投融资服务的买方

Ⅳ. 本身不是证券市场重要的机构投资者

A. Ⅰ、Ⅱ　　B. Ⅱ、Ⅲ

C. Ⅰ、Ⅳ　　D. Ⅲ、Ⅳ

【答案】D

【解析】Ⅲ项证券公司是证券市场的主要中介机构，不是买方；Ⅳ项证券公司本身也是证券市场重要的机构投资者。

21. 中国证监会根据证券公司评价计分的高低，将证券公司分为 ABCDE 等五大类，其中 11 个级别包括(　　)。

Ⅰ. AAA　　Ⅱ. BB　　Ⅲ. C　　Ⅳ. DD

A. Ⅰ、Ⅱ、Ⅲ　　B. Ⅰ、Ⅲ、Ⅳ

C. Ⅱ、Ⅲ、Ⅳ　　D. Ⅰ、Ⅱ、Ⅲ、Ⅳ

【答案】A

【解析】五大类 11 个级别分别为 A（AAA、AA、A）、B（BBB、BB、B）、C（CCC、CC、C）、D 和 E。

22. 对证券公司信息报送与披露方面的监管要求包括(　　)。

Ⅰ. 信息公开披露制度

Ⅱ. 信息报送制度

Ⅲ. 董事会会议内容公开制度

Ⅳ. 年报审计监管

A. Ⅰ、Ⅱ、Ⅲ　　B. Ⅰ、Ⅱ、Ⅳ

C. Ⅱ、Ⅲ　　D. Ⅰ、Ⅱ

【答案】B

【解析】证券公司信息报送与披露监管要求包括三个：信息报送制度、信息公开披露制度和年报审计监管。

23. 财务顾问业务的具体业务范围包括(　　)。

Ⅰ. 为上市公司完善法人治理结构、设计经理层股票期权、职工持股计划、投资者关系管理等提供咨询服务

Ⅱ. 将委托人委托的资产在证券市场上从事股票、债券等金融工具的组合投资的业务

Ⅲ. 为上市公司的重大投资、收购兼并、关联交易等业务提供咨询服务

Ⅳ. 为企业申请证券发行和上市提供改制改组、资产重组、前期辅导等方面的咨询服务

A. Ⅰ、Ⅱ、Ⅳ　　B. Ⅰ、Ⅲ、Ⅳ

C. Ⅱ、Ⅲ、Ⅳ　　D. Ⅰ、Ⅱ、Ⅲ、Ⅳ

【答案】B

【解析】Ⅱ项财务顾问业务并不涉及委托投资。

24. 证券发行的承销方式主要有(　　)。

Ⅰ. 全额包销　Ⅱ. 余额包销　Ⅲ. 自销　Ⅳ. 代销

A. Ⅰ、Ⅱ　　B. Ⅰ、Ⅱ、Ⅳ

C. Ⅰ、Ⅲ、Ⅳ　　D. Ⅰ、Ⅱ、Ⅲ、Ⅳ

【答案】B

【解析】证券承销业务可以采取代销或者包销方式。证券包销又分为全额包销和余额包销。

25. 证券公司资产管理计划可以投资的资产包括(　　)。

Ⅰ. 银行存款、同业存单以及符合《指导意见》规定的标准化债权类资产

Ⅱ. 上市公司股票、存托凭证以及中国证监会认可的其他标准化股权类资产

Ⅲ. 公开募集的证券投资基金，以及中国证监会认可的比照公募基金管理的资产管理产品

Ⅳ. 非标准化债权类资产、股权类资产、商品及金融衍生品类资产

A. Ⅰ、Ⅳ　　B. Ⅱ、Ⅳ

C. Ⅱ、Ⅲ、Ⅳ　　D. Ⅰ、Ⅱ、Ⅲ、Ⅳ

【答案】D

【解析】选项全部正确。资产管理计划可投资资产范围相当广泛。

26. 关于证券公司申请融资融券业务资格需要具备的条件，下列说法中正确的有(　　)。

Ⅰ. 经营证券经纪业务已满5年

Ⅱ. 公司及其董事、监事最近2年内未因违法违规经营受到行政处罚

Ⅲ. 财务状况良好，最近3年各项风险控制指标持续符合规定

Ⅳ. 已建立完善的客户投诉处理机制

A. Ⅰ、Ⅳ　　B. Ⅱ、Ⅳ

C. Ⅱ、Ⅲ、Ⅳ　　D. Ⅰ、Ⅱ、Ⅲ、Ⅳ

【答案】B

【解析】Ⅰ项应为具有证券经纪业务资格；Ⅲ项应为公司最近两年内不存在因涉嫌违法违规，正被中国证监会立案调查，或者正处于整改期间的情形。财务状况良好，最近两年各项风险控制指标持续符合规定。

27. 关于证券公司经营融资融券业务的说法，不正确的是(　　)。

Ⅰ. 证券公司经营融资融券业务，应当以自己的名义在商业银行分别开融资专用资金账户、客户信用交易担保资金账户

Ⅱ. 证券公司经营融资融券业务，应当以自己的名义在商业银行分别开融券专用证券账户、客户信用交易担保证券账户、信用交易证券交收账户和信用交易资金交收账户

Ⅲ. 证券公司经营融资融券业务，应当以自己的名义在证券登记结算机构分别开融券专用证券账户、客户信用交易担保证券账户

Ⅳ. 证券公司经营融资融券业务，应当以自己的名义在证券登记结算机构分别开融券专用证券账户、客户信用交易担保证券账户、信用交易证券交收账户和信用交易资金交收账户

A. Ⅰ、Ⅲ　　B. Ⅰ、Ⅳ

C. Ⅱ、Ⅲ　　D. Ⅱ、Ⅲ

【答案】C

【解析】证券公司经营融资融券业务，应当以自己的名义在证券登记结算机构分别开融券专用证券账户、客户信用交易担保证券账户、信用交易证券交收账户和信用交易资金交收账户，Ⅳ项正确。证券公司经营融资融券业务，应当以自己的名义在商业银行分别开融资专用资金账户、客户信用交易担保资金账户，Ⅰ项正确。

28. 下列关于证券公司开展融资融券业务的说法，错误的是(　　)。

Ⅰ. 证券公司开展融资融券业务，必须经中国证监会批准

Ⅱ. 证券公司在向客户融资、融券前，应办理客户征信，了解客户身份、财产与收入状况、证券投资经验和风险偏好，并以书面方式予以记载、保存

Ⅲ. 证券公司向客户融资、融券，应当向客户收取一定比例的保证金，保证金不可以证券充抵

Ⅳ. 证券公司应当逐日计算客户交存的担保物价值与其所欠债务的比例

A. Ⅱ、Ⅲ　　B. Ⅲ、Ⅳ

C. Ⅱ、Ⅳ　　D. Ⅰ、Ⅲ、Ⅳ

【答案】A

【解析】Ⅱ项证券公司在向客户融资、融券前，应办理客户征信，了解客户身份、财产与收入状况、证券投资经验和风险偏好，并以书面和电子方式予以记载、保存；Ⅲ项证券公司向客户融资、融券，应当向客户收取一定比例的保证金，保证金可以证券充抵。

29. 证券公司在全国股转系统开展做市交易业务的资格条件包括(　　)。

Ⅰ. 具备证券经纪业务资格

Ⅱ. 设立做市业务专门部门，配备开展做市业务必要人员

Ⅲ. 建立做市业务管理制度

Ⅳ. 具备做市业务专用技术系统

A. Ⅰ、Ⅱ、Ⅲ　　B. Ⅰ、Ⅲ、Ⅳ

C. Ⅱ、Ⅲ、Ⅳ　　D. Ⅰ、Ⅱ、Ⅲ、Ⅳ

【答案】C

【解析】Ⅰ项应为具备证券自营业务资格。

30. 证券公司申请介绍经纪商（IB）业务资格，应当符合的条件有(　　)。

Ⅰ. 申请日前6个月各项风险控制指标符合规定标准

Ⅱ. 证券公司申请IB业务资格的，需配备必要的业务人员，公司总部至少有5名；开展IB业务的营业部至少有3名具有期货从业人员资格的业务人员

Ⅲ. 全资拥有或者控股一家期货公司，或者与一家期货公司被同一机构控制，且该期货公司具有实行会员分级结算制度期货交易所的会员资格、申请日前2个月的风险监督指标持续符合规定的标准

Ⅳ. 已按规定建立健全与IB业务相关的业务规则、内部控制、风险隔离及合规检查等制度

A. Ⅰ、Ⅱ、Ⅲ　　B. Ⅰ、Ⅲ、Ⅳ

C. Ⅰ、Ⅱ、Ⅳ　　D. Ⅱ、Ⅲ、Ⅳ

【答案】B

【解析】证券公司申请IB业务资格的，公司总部至少有5名，开展IB业务的营业部至少有2名具有期货从业人员资格的业务人员。

31. 下列关于设立私募基金子公司的说法，正确的是(　　)。

Ⅰ. 每家证券公司设立的私募基金子公司原则上不超过一家

Ⅱ. 私募基金子公司及其下设基金管理机构将自有资金投资于本机构设立的私募基金的，对单只基金的投资金额不得超过该只基金总额的20%

Ⅲ. 私募基金子公司及其下设特殊目的机构可对外提供担保和贷款

Ⅳ. 私募基金子公司及其下设特殊目的机构不得成为对所投资企业的债务承担连带责任的出资人

A. Ⅰ、Ⅱ、Ⅲ　　B. Ⅰ、Ⅲ、Ⅳ

C. Ⅱ、Ⅲ、Ⅳ　　D. Ⅰ、Ⅱ、Ⅳ

【答案】D

【解析】私募基金子公司及其下设特殊目的机构不得对外提供担保和贷款。

32. 下列选项中，属于证券服务机构的有(　　)。

Ⅰ. 资信评级机构　　Ⅱ. 财务顾问机构

Ⅲ. 会计师事务所　　Ⅳ. 投资咨询机构

A. Ⅰ、Ⅱ、Ⅲ　　B. Ⅰ、Ⅲ、Ⅳ

C. Ⅰ、Ⅱ、Ⅳ　　D. Ⅰ、Ⅱ、Ⅲ、Ⅳ

【答案】D

【解析】选项全部正确。此外还包括资产评估机构和律师事务所等。

33. 会计师事务所为证券的发行、上市、挂牌、交易等证券业务活动制作、出具（　　），应当按照规定向中国证监会和国务院有关主管部门备案。

Ⅰ. 财务报表审计报告　　Ⅱ. 内部控制审计报告

Ⅲ. 内部控制鉴证报告　　Ⅳ. 盈利预测审核报告

A. Ⅰ、Ⅱ、Ⅲ　　B. Ⅰ、Ⅲ、Ⅳ

C. Ⅰ、Ⅱ、Ⅳ　　D. Ⅰ、Ⅱ、Ⅲ、Ⅳ

【答案】D

【解析】选项全部正确。此外还包括验资报告，以及中国证监会和国务院有关主管部门规定的其他文件。

34. 证券投资咨询机构及其从业人员从事证券服务业务不得有（　　）行为。

Ⅰ. 代理委托人从事证券投资

Ⅱ. 与委托人约定分享证券投资收益或者分担证券投资损失

Ⅲ. 买卖本证券投资咨询机构提供服务的证券

Ⅳ. 法律行政法规禁止的其他行为

A. Ⅰ、Ⅱ、Ⅲ　　B. Ⅰ、Ⅲ、Ⅳ

C. Ⅰ、Ⅱ、Ⅳ　　D. Ⅰ、Ⅱ、Ⅲ、Ⅳ

【答案】D

【解析】选项全部正确。

35. 设立证券金融公司时，应当符合的条件有(　　)。

Ⅰ. 组织形式为股份有限公司

Ⅱ. 注册资金不少于人民币 20 亿元
Ⅲ. 注册资本为实收资本
Ⅳ. 股东用货币出资

A. Ⅱ、Ⅲ　　B. Ⅰ、Ⅱ、Ⅳ
C. Ⅰ、Ⅲ、Ⅳ　　D. Ⅰ、Ⅱ、Ⅲ、Ⅳ

【答案】C

【解析】证券金融公司注册资本不少于人民币 60 亿元。

36. 下列属于证券金融公司职责范围的有(　　)。
Ⅰ. 为证券公司融资融券业务提供资金和证券的转融通服务
Ⅱ. 监测分析全市场融资融券交易情况，运用市场化手段防控风险
Ⅲ. 对证券公司融资融券业务运行情况进行监控
Ⅳ. 中国证监会确定的其他职责

A. Ⅰ、Ⅱ、Ⅲ　　B. Ⅰ、Ⅲ、Ⅳ
C. Ⅱ、Ⅲ、Ⅳ　　D. Ⅰ、Ⅱ、Ⅲ、Ⅳ

【答案】D

【解析】选项全部正确。

37. 下列关于证券金融公司保证金的说法，正确的是(　　)。

Ⅰ. 证券金融公司开展转融通业务，应当向证券公司收取一定比例的保证金，确定并公布可充抵保证金证券的种类和折算率。保证金可以充抵证券，但货币资金占应收取保证金的比例不得低于 15%

Ⅱ. 证券公司向证券金融公司交存保证金，采取设立信托的方式

Ⅲ. 对因证券金融公司有偿使用证券公司交存的保证金导致的差额，证券公司应当补交

Ⅳ. 证券金融公司应当逐日计算证券公司交存的保证金价值与其所欠债务的比例

A. Ⅰ、Ⅱ、Ⅲ　　B. Ⅰ、Ⅱ、Ⅳ
C. Ⅱ、Ⅲ、Ⅳ　　D. Ⅰ、Ⅱ、Ⅲ、Ⅳ

【答案】B

【解析】对因证券金融公司有偿使用证券公司交存的保证金导致的差额，证券公司无须补交。

38. 为加强对证券服务机构的管理，我国《证券法》授予证券监督管理机构对证券服务机构的(　　)。

Ⅰ. 监管权　　Ⅱ. 管理权　　Ⅲ. 现场检查权　　Ⅳ. 审查权

A. Ⅰ、Ⅲ　　B. Ⅰ、Ⅳ

C. Ⅱ、Ⅲ　　D. Ⅱ、Ⅳ

【答案】A

【解析】《证券法》授予证券监督管理机构对证券服务机构的监管权和现场检查权。

39. 下面对证券交易所的描述，正确的是(　　)。

Ⅰ. 证券交易所是我国证券自律管理机构

Ⅱ. 证券交易所是整个证券市场的核心

Ⅲ. 证券交易所本身可以进行证券买卖

Ⅳ. 证券交易所为证券交易提供了一个稳定、公开、高效的系统

A. Ⅰ、Ⅱ、Ⅲ　　B. Ⅰ、Ⅱ、Ⅳ

C. Ⅰ、Ⅲ、Ⅳ　　D. Ⅰ、Ⅱ、Ⅲ、Ⅳ

【答案】B

【解析】证券交易所本身不进行证券买卖。

40. 证券交易所具有的特征是(　　)。

Ⅰ. 有固定的交易场所和交易时间

Ⅱ. 投资者直接进入交易所买卖证券

Ⅲ. 通过公开竞价的方式决定证券交易价格

Ⅳ. 交易对象限于合乎一定标准的上市证券

A. Ⅰ、Ⅱ、Ⅲ　　B. Ⅰ、Ⅲ、Ⅳ

C. Ⅰ、Ⅱ、Ⅳ　　D. Ⅰ、Ⅱ、Ⅲ、Ⅳ

【答案】B

【解析】证券交易所参加交易者为具备会员资格的证券经营机构，一般投资者不能直接进入交易所买卖证券。

41. 证券交易所的主要职能包括(　　)。

Ⅰ. 提供证券交易的场所和设施，管理和公布市场信息

Ⅱ. 制定证券交易所的业务规则

Ⅲ. 接受上市申请，安排证券上市

Ⅳ. 组织、监督证券交易，并对会员、上市公司进行监管

A. Ⅰ、Ⅱ、Ⅲ　　B. Ⅰ、Ⅲ、Ⅳ

C. Ⅱ、Ⅳ　　D. Ⅰ、Ⅱ、Ⅲ、Ⅳ

【答案】D

【解析】选项全部正确。

42. 证券交易所的组织形式大致可以分为(　　)。

Ⅰ. 股份制　　Ⅱ. 公司制　　Ⅲ. 合伙制　　Ⅳ. 会员制

A. Ⅰ、Ⅱ　　B. Ⅰ、Ⅲ

C. Ⅱ、Ⅳ　　D. Ⅰ、Ⅳ

【答案】C

【解析】证券交易所的组织形式大致可以分为两类：公司制和会员制。

43. 下列属于证券交易所理事会职责的是(　　)。

Ⅰ. 执行会员大会的决议

Ⅱ. 选举和罢免会员理事

Ⅲ. 制定、修改证券交易所的业务规则

Ⅳ. 审定取消会员资格的纪律处分

A. Ⅰ、Ⅱ、Ⅲ　　B. Ⅰ、Ⅱ、Ⅳ

C. Ⅰ、Ⅲ、Ⅳ　　D. Ⅰ、Ⅱ、Ⅲ、Ⅳ

【答案】C

【解析】选举和罢免会员理事、会员监事属于会员大会的职权。

44. 下列属于中国证券业协会的普通会员的是(　　)。

Ⅰ. 证券投资咨询机构　　Ⅱ. 证券资信评级机构

Ⅲ. 证券公司另类投资子公司　　Ⅳ. 证券公司

A. Ⅰ、Ⅱ　　B. Ⅰ、Ⅱ、Ⅲ

C. Ⅰ、Ⅱ、Ⅳ　　D. Ⅰ、Ⅱ、Ⅲ、Ⅳ

【答案】B

【解析】中国证券业协会会员包括法定会员、普通会员和特别会员，另

设观察员。证券公司属于法定会员。

45. 下列关于中国证券业协会宗旨的说法，正确的是(　　)。

Ⅰ. 在国家对证券业实行集中统一监督管理的前提下，进行证券业自律管理

Ⅱ. 发挥政府与证券行业的桥梁和纽带作用

Ⅲ. 为会员服务，维护会员的合法权益

Ⅳ. 维护证券业的正当竞争秩序，促进证券市场的公开、公平、公正，推动证券市场的健康稳定发展

A. Ⅰ、Ⅲ　　B. Ⅰ、Ⅱ、Ⅲ、Ⅳ

C. Ⅰ、Ⅱ、Ⅳ　　D. Ⅰ、Ⅲ、Ⅳ

【答案】B

【解析】选项全部正确。

46. 下列属于中国证券业协会自律管理职能的是(　　)。

Ⅰ. 组织证券业从业人员水平考试

Ⅱ. 推动行业开展投资者教育，组织制作投资者教育产品，普及证券知识

Ⅲ. 组织开展证券业国际交流与合作

Ⅳ. 负责证券业从业人员资格考试、执业注册

A. Ⅰ、Ⅱ、Ⅲ　　B. Ⅰ、Ⅲ、Ⅳ

C. Ⅰ、Ⅱ、Ⅳ　　D. Ⅰ、Ⅱ、Ⅲ、Ⅳ

【答案】A

【解析】Ⅳ项属于中国证券业协会根据行政法规、中国证监会有关要求行使的职责。

47. 按照我国相关证券业法律的规定，下列属于证券自律管理机构的是(　　)。

Ⅰ. 证券交易所　　Ⅱ. 中国证券业协会

Ⅲ. 证券服务机构　　Ⅳ. 证券登记结算机构

A. Ⅰ、Ⅱ　　B. Ⅱ、Ⅲ、Ⅳ

C. Ⅱ、Ⅳ　　D. Ⅰ、Ⅱ、Ⅳ

【答案】D

【解析】按照《证券法》的规定，我国的证券自律管理机构是证券交易所、证券业协会。根据《证券登记结算管理办法》，我国的证券登记结算机构实行行业自律管理。Ⅲ项属于证券市场中介机构。

48. 证券登记结算公司依据《中华人民共和国证券法》履行的职能包括(　　)。

Ⅰ. 证券账户、结算账户的设立和管理

Ⅱ. 受发行人委托派发证券权益

Ⅲ. 组织、参与被撤销、关闭或破产证券公司的清算工作

Ⅳ. 监测证券公司风险，参与证券公司风险处置

A. Ⅰ、Ⅱ　　B. Ⅰ、Ⅲ、Ⅳ

C. Ⅱ、Ⅳ　　D. Ⅰ、Ⅱ、Ⅲ、Ⅳ

【答案】A

【解析】Ⅲ项、Ⅳ项属于证券投资者保护基金的职责。

49. 下列有关货银对付的说法，正确的有(　　)。

Ⅰ. 俗称“一手交钱，一手交货”

Ⅱ. 它可以规避交收违约风险

Ⅲ. 其主要目的是简化操作手续

Ⅳ. 它是指当且仅当资金交付时给付证券，证券交付时给付资金

A. Ⅰ、Ⅱ、Ⅲ　　B. Ⅰ、Ⅲ、Ⅳ

C. Ⅱ、Ⅲ、Ⅳ　　D. Ⅰ、Ⅱ、Ⅳ

【答案】D

【解析】货银对付的主要目的是规避交收违约风险。

50. 证券交易结算方式可以分为(　　)。

Ⅰ. 统一结算　　Ⅱ. 全额结算　　Ⅲ. 差额结算　　Ⅳ. 净额结算

A. Ⅰ、Ⅱ　　B. Ⅰ、Ⅲ

C. Ⅱ、Ⅳ　　D. Ⅰ、Ⅳ

【答案】C

【解析】证券交易结算方式主要分为全额结算和净额结算。

51. 下列各项中，属于证券投资者保护基金来源的有(　　)。

Ⅰ. 国内外机构、组织及个人的捐赠

Ⅱ. 所有在中国境内注册的证券公司，按其营业收入的0.5%～5%缴纳基金

Ⅲ. 发行股票、可转换债券等证券时，申购冻结资金的利息收入

Ⅳ. 依法向有关责任方追偿所得

A. Ⅰ、Ⅱ、Ⅲ　　B. Ⅰ、Ⅲ、Ⅳ

C. Ⅱ、Ⅲ、Ⅳ　　D. Ⅰ、Ⅱ、Ⅲ、Ⅳ

【答案】D

【解析】选项全部正确。此外还包括上海、深圳证券交易所在风险基金分别达到规定的上限后，交易经手费的20%纳入基金；以及其他合法收入。

52. 根据《证券投资者保护基金管理办法》的规定，证券投资者保护基金的用途有(　　)。

Ⅰ. 证券公司被撤销、关闭和破产或被中国证监会实施行政接管、托管经营等强制性监管措施时，按照国家有关政策规定对债权人予以偿付

Ⅱ. 为处置证券公司风险需要动用基金的，中国证监会根据证券公司的风险状况制订风险处置方案，基金公司制订基金使用方案，报经国务院批准后，由基金公司办理发放基金的具体事宜

Ⅲ. 基金公司使用基金偿付证券公司债权人后，取得相应的受偿权，依法参与证券公司的清算

Ⅳ. 普通投资者交易费用补贴

A. Ⅰ、Ⅱ、Ⅲ　　B. Ⅰ、Ⅲ、Ⅳ

C. Ⅱ、Ⅲ、Ⅳ　　D. Ⅰ、Ⅱ、Ⅲ、Ⅳ

【答案】A

【解析】投资者保护基金不涉及投资者交易费用补贴。

53. 中证中小投资者服务中心的主要业务包括(　　)。

Ⅰ. 投资者教育　Ⅱ. 持股行权　Ⅲ. 纠纷调解　Ⅳ. 维权服务

A. Ⅰ、Ⅱ、Ⅲ　　B. Ⅰ、Ⅲ、Ⅳ

C. Ⅱ、Ⅲ、Ⅳ　　D. Ⅰ、Ⅱ、Ⅲ、Ⅳ

【答案】D

【解析】选项全部正确。

54. 关于证券市场监管的三公原则，下列表述正确的有(　　)。

Ⅰ. 公开原则的核心是要求实现市场信息的公开化

Ⅱ. 公开原则要求公开的信息在内容和形式上都应符合法律的要求

Ⅲ. 公平原则要求一切证券市场的参与者都有平等的权利

Ⅳ. 公正原则要求对一切证券市场参与者都给予公正的待遇

A. Ⅰ、Ⅱ、Ⅲ　　B. Ⅰ、Ⅲ、Ⅳ

C. Ⅱ、Ⅲ、Ⅳ　　D. Ⅰ、Ⅱ、Ⅲ、Ⅳ

【答案】B

【解析】公开原则要求证券市场具有充分的透明度，实现市场信息的公开化。

55. 我国证券市场的监管目标是(　　)。

Ⅰ. 保护投资者利益，保障合法的证券交易活动，监督证券中介机构

Ⅱ. 根据国家宏观经济管理的需要，运用灵活多样的方式，调控证券市场与证券交易规模，引导投资方向，使之与经济发展相适应

Ⅲ. 防止人为操纵、欺诈等不法行为，维持证券市场的正常秩序

Ⅳ. 运用和发挥证券市场机制的积极作用，限制其消极作用

A. Ⅰ、Ⅱ、Ⅲ　　B. Ⅰ、Ⅲ、Ⅳ

C. Ⅱ、Ⅲ、Ⅳ　　D. Ⅰ、Ⅱ、Ⅲ、Ⅳ

【答案】D

【解析】选项全部正确。

56. 证券市场监管是指证券管理机关运用（　　），对证券的募集、发行等行为以及证券投资中介机构的行为进行监督管理。

Ⅰ. 法律手段　　Ⅱ. 经济手段

Ⅲ. 必要的行政手段　　Ⅳ. 刑事手段

A. Ⅰ、Ⅱ、Ⅲ　　B. Ⅲ、Ⅳ

C. Ⅰ、Ⅱ、Ⅳ　　D. Ⅰ、Ⅱ、Ⅲ、Ⅳ

【答案】A

【解析】证券市场监管手段包括法律手段、经济手段、行政手段，其中

法律手段是主要手段。

57. 中国证监会的核心职责有（　　）。

Ⅰ. 维护市场公开、公平、公正

Ⅱ. 维护投资者特别是中小投资者的合法权益

Ⅲ. 促进资本市场健康发展

Ⅳ. 促进经济健康平稳增长

A. Ⅰ、Ⅲ、Ⅳ　　B. Ⅰ、Ⅱ、Ⅲ、Ⅳ

C. Ⅰ、Ⅱ、Ⅲ　　D. Ⅱ、Ⅳ

【答案】C

【解析】中国证监会的核心职责为“两维护、一促进”，维护市场公开、公平、公正，维护投资者特别是中小投资者的合法权益，促进资本市场健康发展。

58. 中国证监会在履行自己职责时，下列属于其有权采取的措施有(　　)。

Ⅰ. 查询当事人和与被调查事件有关的单位的资金账户

Ⅱ. 查询当事人和与被调查事件有关的单位和个人的银行账户

Ⅲ. 对有证据证明已经或者可能隐匿、伪造、毁损重要证据的，可以直接冻结或者查封该财产

Ⅳ. 对有证据证明已经或者可能转移违法资金、证券等涉案财产的，经中国证监会批准后，可以冻结该财产或者查封

A. Ⅰ、Ⅱ、Ⅲ　　B. Ⅰ、Ⅱ

C. Ⅱ、Ⅲ、Ⅳ　　D. Ⅰ、Ⅱ、Ⅲ、Ⅳ

【答案】B

【解析】对有证据证明已经或者可能转移或者隐匿违法资金、证券等涉案财产的或者隐匿、伪造、毁损重要证据的，经国务院证券监督管理机构主要负责人批准，可以冻结或者查封。所以Ⅲ项、Ⅳ项不正确。

第四章　股　票

一、单项选择题

1. 下列对股票定义的描述中，不正确的是(　　)。

A. 股票是一种有价证券

B. 股票是股份有限公司签发的证明股东所持股份的凭证

C. 股票实质上代表了股东对股份公司的所有权

D. 股票发行人定期支付利息并到期偿付本金

【答案】 D

【解析】 到期还本付息属于债券的特点。

2. 股票不是一种现实的资本，股份公司通过发行股票筹措的资金是公司用于营运的(　　)。

A. 真实资本　　B. 债务资金

C. 虚拟资本　　D. 应付账款

【答案】 A

【解析】 股票不是现实的资本，通过发行股票筹集的资金是真实资本。

3. 股票是股份有限公司发行的，用于证明投资者的股东身份，并据以获取股息和红利的凭证。下列不属于股票的特征的是(　　)。

A. 多样性　　B. 永久性

C. 参与性　　D. 流动性

【答案】 A

【解析】 股票具有五大特征：收益性、风险性、流动性、永久性、参与性。

4. 王某购买了 A 公司股票，由于做生意急需资金，王某将股票出售而非要求退股，不能要求退股体现 A 股票的（　　）特性。

A. 参与性　　B. 风险性

C. 永久性　　D. 流动性

【答案】 C

【解析】 股票是一种无期限的法律凭证，在公司存续期间只能转让不能要求退股。

5. 下列（　　）股票持有人能够优先于普通股股东分配公司利润和剩余财产。

A. 有限制股票　　B. 金股

C. 优先股　　D. 超级表决权股票

【答案】 C

【解析】 优先股能够优先于普通股股东分配公司利润和剩余财产。

6.《公司法》规定，股份公司向发起人、法人发行的股票应当是(　　)。

A. 记名股票　　B. 优先股

C. 国有股　　D. 无记名股票

【答案】 A

【解析】 股份有限公司向发起人、国家授权投资的机构、法人发行的股票应当为记名股票。

7. 以下各项中不属于常见的股利政策的是(　　)。

A. 固定股利支付率政策　　B. 零股利政策

C. 剩余股利政策　　D. 股票股利政策

【答案】 D

【解析】 实务中通常有固定股利政策、固定股利支付率政策、零股利政策和剩余股利政策四种股利政策。

8. 稳定的现金股利政策对公司现金流管理有较高的要求，通常将那些经营业绩较好，具有稳定且较高的现金股利支付的公司股票称为(　　)。

A. 蓝筹股　　B. 红筹股

C. 法人股　　D. 外资股

【答案】A

【解析】题干是蓝筹股的定义。

9. 刘某是A公司的股东，所持有的股票的账面价值为200万元，2019年12月31日A公司对每10股送3股的形式发放股票股利，送股后刘某所持股票的账面价值为(　　)。

A. 220万元　　B. 240万元

C. 200万元　　D. 80万元

【答案】C

【解析】股票股利不影响股东在公司中占有的权益比例和股票的账面价值。

10. 上市公司增资方式中，向特定对象发行股票的增资方式是(　　)。

A. 配股　　B. 可转换公司债券

C. 公开增发　　D. 定向增发

【答案】D

【解析】上市公司增资方式中向特定对象发行股票的增资方式是定向增发。

11. 以超过票面金额的价格发行股票所得的溢价款项列入发行公司的(　　)。

A. 资本公积金　　B. 股本

C. 任意公积金　　D. 盈余公积金

【答案】A

【解析】股票发行溢价是上市公司最常见最主要的资本公积金来源。

12. 下列关于股东表决权的说法中，不正确的是(　　)。

A. 普通股票股东对公司重大决策的参与权是通过参加股东大会，行使表决权实现的

B. 股东每持有一份股份，就有一份表决权

C. 对于各个股东来说，其表决权的数量视其购买的股票份数而定

D. 普通股股东只能自己出席股东大会，不得委托他人代理出席或代其

行使表决权

【答案】D

【解析】股东可以亲自出席股东大会，也可以委托代理人出席股东大会。代理人应向公司提交股东授权委托书，并在授权范围内行使表决权。

13. 股份公司只能以（　　）支付红利。

A. 留存收益　　B. 其他资本公积

C. 资本公积　　D. 专项储备

【答案】A

【解析】股份公司只能用留存收益支付红利，红利的支付不能减少其注册资本。此外，公司在无力偿债时不能支付红利。

14.《中华人民共和国公司法》规定，公司的剩余资产在分配给股东之前，其支付顺序为(　　)。

A. 清算费用、缴付所欠税款、员工工资、劳动保险费用、清偿公司债务

B. 清算费用、缴付所欠税款、劳动保险费用、员工工资、清偿公司债务

C. 清算费用、员工工资、劳动保险费用、缴付所欠税款、清偿公司债务

D. 清算费用、员工工资、缴付所欠税款、劳动保险费用、清偿公司债务

【答案】C

【解析】公司的剩余资产在分配给股东之前，其支付顺序：清算费用、员工工资、劳动保险费用、缴付所欠税款、清偿公司债务；若还有剩余资产，再按照股东持股比例分配给各股东。

15. 享有优先认股权的股东，对其所享有的优先认股权不可有的选择是(　　)。

A. 行使权利认购新发行的普通股票

B. 如果法律允许，可以将权利转让给他人，从中获得一定的报酬

C. 按超出其持股比例以内的数量，优先认购一定数量新发行股票的

权利

D. 不行使权利而听任其而过期失效

【答案】C

【解析】优先认股权不能超出其持股比例范围认购新股。

16. 相对普通股而言，优先股的特征不包括(　　)。

A. 股息率固定　　B. 股息分派优先

C. 剩余资产分配优先　　D. 具有优先认股权

【答案】D

【解析】优先股的特征包括：股息率固定、股息分派优先、剩余资产分配优先。优先股的权利范围小，一般无表决权和优先认股权。

17. 对股份有限公司而言，发行优先股票的可以减轻利润的分派负担是因为(　　)。

A. 优先股股东股息分派优先　　B. 优先股股东剩余资产分配优先

C. 优先股的股息率固定　　D. 优先股股东无表决权

【答案】C

【解析】优先股的股息率固定可以减轻利润分配的负担。

18. 李某持有乙公司 5000 股优先股，因公司 2017 年盈利不佳，本应发放的优先股股息暂未发放，2018 年末，公司将当年股息连同 2017 年股息一同发放给李某，这说明李某持有的是(　　)。

A. 强制分红优先股　　B. 固定股息优先股

C. 可累积优先股　　D. 参与优先股

【答案】C

【解析】可累积优先股，是指历年股息累积发放的优先股票。其主要是为了保障优先股票股东的收益，不因股公司盈利状况的波动而减少。

19. 下列关于优先股与债券的区别的说法，不正确的是(　　)。

A. 优先股没有到期的概念，发行人没有偿还本金的压力，绝大多数债券需要到期还本付息

B. 在公司出现亏损或者利润不足时，优先股股息可能无法保证，对于

债券持有人来说，定期还本付息属于公司必须履行的强制义务

C. 优先股的股利和债券的利息一样从税前扣除

D. 与永续债相比，优先股投资者具有在一定条件下恢复表决权的权利，而永续债一般不具有这一特点

【答案】 C

【解析】 优先股的股息来自可分配税后利润，债券的利息来自税前利润。

20. 关于 B 股，下列说法错误的是(　　)。

A. 以人民币标明股票面值　　B. 采取记名股票形式

C. 在境内上市　　D. 目前境内居民个人不得购买

【答案】 D

【解析】 2001 年 2 月对境内居民个人开放后，境内投资者逐渐成为 B 股市场的重要投资主体。

21. 沪深证券交易所成立后，新股发行经历的演变过程是(　　)。

A. “议价—定价—竞价”　　B. “定价—议价—定价”

C. “竞价—议价—定价”　　D. “定价—竞价—定价”

【答案】 D

【解析】 沪深证券交易所成立后，新股发行经历了一个“定价—竞价—定价”反复演变的过程。

22. 在市场化程度较高的成熟股票市场，普遍采用的发行制度是(　　)。

A. 审批制　　B. 审核制

C. 核准制　　D. 注册制

【答案】 D

【解析】 注册制是市场化程度较高的成熟股票市场普遍采用的一种发行制度。

23. 下列关于注册制股票发行的说法，不正确的是(　　)。

A. 注册制是在市场化程度较高的成熟股票市场，所普遍采用的一种发

行制度

B. 证券监管部门公布股票发行的必要条件，只要达到所公布条件要求的企业即可发行股票

C. 发行人申请发行股票时，必须依法将公开的各种资料完全准确地向证券监管机构报告

D. 注册制发行对发行人、证券交易所、证券中介机构和投资者的要求都比较低

【答案】D

【解析】注册制发行对发行人证券交易所，证券中介机构和投资者的要求都比较高。

24. 下列关于保荐制度的说法，不正确的是(　　)。

A. 保荐制度是指有资格的证券公司推荐符合条件的公司公开发行股票和上市，对发行人的申请文件和信息披露资料进行审慎核查，督导发行人规范运作

B. 保荐制度的主要内容包括建立保荐机构资格核准和保荐代表人的登记管理制度

C. 保荐制度的重点是明确保荐机构和保荐代表人的责任，并建立责任追究机制

D. 保荐人的保荐责任期一直到发行上市完成

【答案】D

【解析】保荐人的保荐责任期，包括发行上市全过程以及上市后的一段时期。

25. 以下（　　）方式是指承销商代发行人发售股票，在承销期结束时，将未出售的股票全部退还给发行人的承销方式。

A. 自销　　B. 全额包销

C. 余额包销　　D. 代销

【答案】D

【解析】题干为代销的定义。

26. 下列关于首次公开发行股票并在主板（中小企业板）上市的说法，

不正确的是(　　)。

A. 发行人依法设立且持续经营时间在 3 年以上的股份有限公司，有限责任公司按原账面净资产值折股整体变更为股份有限公司的，持续经营时间可以从有限责任公司成立之日起计算

B. 发行人最近 3 年内主营业务和董事、高级管理人员没有发生重大变化，实际控制人没有发生变更

C. 最近 3 个会计年度净利润均为正数，且累计超过人民币 3000 万元

D. 发行后股本总额不少于人民币 3000 万元

【答案】 D

【解析】 主板（中小企业板）IPO 要求发行前（不是发行后）股本总额不少于人民币 3000 万元。

27. 下列关于创业板、科创板上市公司配股需要满足的条件，说法不正确的是(　　)。

A. 拟配售股份数量不超过本次配售前股本总额的 30%

B. 控股股东应当在股东大会召开前公开承诺认配股份的数量

C. 采用《证券法》规定的代销发行方式

D. 控股股东不履行认配股份的承诺，或者代销期限届满，原股东认购股票的数量未达到拟配售数量的 70% 的，上市公司应当按照发行价并加算银行同期存款利息返还已经认购的股东

【答案】 A

【解析】 创业板、科创板上市公司配股，拟配售股份数量不超过本次配售前股本总额的 50%。

28. 创业板上市公司非公开发行股票的特定对象不超过(　　)。

A. 5　　B. 10

C. 20　　D. 35

【答案】 D

【解析】 2020 年最新规定，主板（中小板）、创业板、科创板非公开发行股票发行对象数量由分别不超过 10 名和 5 名，统一调整为不超过 35 名。

29. 上市公司非公开发行股票发行价格不低于定价基准日前（　　）个

交易日公司股票均价的(　　)。

A. 10；80%　　B. 20；90%

C. 20；80%　　D. 10；90%

【答案】C

【解析】主板（含中小企业板）、创业板上市公司非公开发行股票，发行价格均应当不低于定价基准日前 20 个交易日公司股票均价的 80%。

30. 创业板上市公司向特定对象发行的股票自发行结束之日起（　　）个月内不得转让，发行对象属于通过认购本次发行的股票，取得上市公司实际控制权的投资人情形的，其认购的股票自发行结束之日起（　　）个月内不得转让。

A. 6；12　　B. 6；18

C. 12；24　　D. 12；36

【答案】B

【解析】主板（中小企业板）、创业板、科创板向特定对象发行的股票统一为 6 个月内不得转让。主板控股股东、实际控制人及其控制的企业认购的股份，18 个月内不得转让；创业板、科创板通过本次认购发行取得上市公司实际控制权的投资者 18 个月内不得转让。

31. 公开发行股票数量在（　　）万股（含）以下且无老股转让计划的，可以通过直接定价的方式确定发行价格。

A. 1000　　B. 1500

C. 2000　　D. 3000

【答案】C

【解析】公开发行股票数量在 2000 万股（含）以下的，可以通过直接定价的方式确定发行价格。

32. 首次公开发行股票采用询价方式定价的说法中，错误的是(　　)。

A. 网下投资者的报价应当包含每股价格和该价格对应的拟申购股数

B. 网下投资者应当给出一个不同报价供主承销商参考

C. 网下机构和个人投资者可以自主决定是否报价

D. 网下投资者不得协商报价

【答案】B

【解析】网下投资者只能有一个报价。

33. 初步询价结束后，公开发行股票数量在（　　）亿股以上，提供有效报价的询价对象不足 20 家的，发行人及其主承销商不得确定发行价格，并应当中止发行。

A. 2　　B. 3

C. 4　　D. 5

【答案】C

【解析】初步询价结束后，公开发行股票数量在 4 亿股以上，提供有效报价的询价对象不足 20 家的，发行人及其主承销商不得确定发行价格，并应当中止发行。

34. 网上投资者首次公开发行股票，如果有效申购倍数超过 150 倍的，回拨后网下发行比例不超过本次公开发行股票数量的(　　)。

A. 10%　　B. 20%

C. 30%　　D. 40%

【答案】A

【解析】网上投资者首次公开发行股票，如果有效申购倍数超过 150 倍的，回拨后网下发行比例不超过本次公开发行股票数量的 10%。

35. 下列关于上市公司发行股票的方式，表述错误的是(　　)。

A. 上市公司配股，应当向股权登记日登记在册的股东配售，且配售比例应当相同

B. 上市公司增发，可以全部或者部分向原股东优先配售，优先配售比例应当在发行公告中披露

C. 主承销商未对机构投资者进行分类的，应当在网下配售和网上发行之间建立回拨机制，回拨后两者的获配比例应当一致

D. 上市公司增发，主承销商可以对参与网下配售的机构投资者进行分类，对不同类别的机构投资者应当按相同的比例进行配售

【答案】D

【解析】主承销商可以对参与网下配售的机构投资者进行分类，对不同

类别的机构投资者设定不同的配售比例。

36. 下列属于主动退市的情形是(　　)。

A. 上市公司股票被暂停上市后在规定期限内未提出恢复上市申请

B. 上市公司股票被暂停上市后其向交易所提交的恢复上市申请材料不全且逾期未补充

C. 上市公司股票被暂停上市后恢复上市申请未获证券交易所同意

D. 上市公司因新设合并或者吸收合并，不再具有独立主体资格并被注销

【答案】 D

【解析】 选项A、选项B、选项C属于强制退市条件。

37. 在报价驱动中，做市商的收入来源是(　　)。

A. 投资收入　　B. 投机收入

C. 买卖证券的差价　　D. 手续费、佣金收入

【答案】 C

【解析】 做市商的收入来源是买卖证券的差价。

38. 转融通业务是指证券金融公司将自有或依法筹集的资金和证券出借给证券公司，供其办理（　　）业务的经营活动。

A. 融资融券　　B. 证券自营

C. 债券发行　　D. 股票承销

【答案】 A

【解析】 转融通业务是指证券金融公司将资金和证券出借给证券公司，供其办理融资融券业务的经营活动。

39. 中国证券登记结算有限责任公司设置（　　），用于汇总记载投资者各个子账户下证券持有及变动的情况，还可用于记录投资者分级评价等适当性管理信息。

A. 资金账户　　B. 一码通账户

C. 普通股票账户　　D. 其他证券账户

【答案】 B

【解析】一码通账户用于汇总记载投资者相关信息。

40. 开立证券账户应坚持（　　）原则。

A. 合法性和同一性　　B. 合法性和真实性

C. 同一性和真实性　　D. 合法性和差别性

【答案】B

【解析】开立证券账户应坚持合法性和真实性原则。

41. 关于证券账户的开立，下列说法错误的是（　　）。

A. 对于同一类别和用途的证券账户，任何一个自然人、法人名下都只能开立一个

B. 投资者证券账户信息包括投资者姓名、性别、出生日期

C. 投资者的证券账户由一码通账户及关联的子账户共同组成

D. 一个自然人、法人可以开立不同类别和用途的证券账户

【答案】A

【解析】一个自然人、法人可以开立三个证券账户。

42. 证券存管服务是（　　）为（　　）提供的。

A. 证券交易所；证券公司　　B. 证券登记结算机构；证券公司

C. 证券公司；投资者　　D. 证券登记结算机构；投资者

【答案】B

【解析】证券存管是指证券公司将投资者交其保管的证券以及自身持有的证券统一交给证券登记结算机构保管。

43. 关于委托指令的分类，说法错误的是(　　)。

A. 根据委托订单的数量，有整数委托和零数委托

B. 根据买卖证券的方向，有买进委托和卖出委托

C. 根据委托目的，有停止损失委托和停止损失限价委托

D. 根据委托时效限制，有当日委托、当周委托、无期限委托、开市委托、收市委托

【答案】C

【解析】另一种分类是根据委托价格限制分为市价委托、限价委托。

44. 沪深证券交易所现行的开盘集合竞价时间为每个交易日(　　)。

A. 9:15～9:25　　B. 9:00～9:30

C. 9:10～9:25　　D. 9:25～9:30

【答案】A

【解析】沪深证券交易所开盘集合竞价的时间为9:15～9:25。

45. 各证券交易所普遍采用（　　）机制为第一优先交易机制。

A. 价格优先　　B. 时间优先

C. 数量优先　　D. 席位优先

【答案】A

【解析】在订单匹配原则方面，各证券交易所普遍使用价格优先原则作为第一优先原则。我国采用价格优先和时间优先原则。

46. 某股票即时揭示的卖出申报价格和交易数量分别为15.60元、1000股，15.50元、800股，15.35元、100股；即时揭示的买入申报价格和交易数量分别为15.25元、500股，15.20元、1000股，15.15元、800股，若此时该股票有一笔买入申报进入交易系统，价格为15.50元、600股，该委托的交易数量情况可能为(　　)。

A. 买入价格为15.35元、成交数量为100股，买入价格为15.50元、成交数量为500股

B. 买入价格为15.35元、成交数量为500股，买入价格为15.50元、成交数量为100股

C. 买入价格为15.35元、成交数量为200股，买入价格为15.50元、成交数量为300股

D. 买入价格为15.35元、成交数量为200股，买入价格为15.50元、成交数量为400股

【答案】A

【解析】连续竞价时，成交价格的确定原则：（1）最高买入申报与最低卖出申报价位相同，以该价格为成交价。（2）买入申报价格高于即时提示的最低卖出申报价格时，以即时揭示的最低卖出申报价格为成交价。（3）卖出申报价格低于即时揭示的最高买入申报价格时以即时揭示的最高买入申报价格为成交价。

47. 创业板首次公开发行上市的股票，上市后的前 5 个交易日涨跌幅比例为(　　)。

A. 5%　　B. 10%

C. 20%　　D. 不限制

【答案】 D

【解析】 创业板、科创板股票竞价交易实行价格涨跌幅限制，涨跌幅比例为 20%；首次公开发行上市的股票，上市后的前 5 个交易日不设价格涨跌幅限制。

48. 投资者在委托买卖证券时，需要支付的交易费用不包括(　　)。

A. 增值税　　B. 佣金

C. 过户费　　D. 印花税

【答案】 A

【解析】 投资者买卖证券需要支付多项费用，主要包括佣金、过户费、印花税等。

49. 过户费的一部分属于（　　）收入，一部分由证券公司留存，由证券公司在同投资者清算交收时代为扣收。

A. 证券业协会　　B. 证券监督管理委员会

C. 证券交易所　　D. 中国结算公司

【答案】 D

【解析】 过户费的一部分属于中国结算公司的收入。

50. 下列关于证券公司和客户之间清算交收的说法，错误的是(　　)。

A. 证券公司与客户之间的证券清算交收由客户根据成交记录按照业务规则自动办理

B. 目前，我国证券市场采用的是法人结算模式

C. 在资金存取和结算流程中，指定商业银行系统根据客户转账指令启动客户资金转账交易

D. 证券公司与客户之间的资金清算交收，需要由证券公司与资金存管银行配合完成

【答案】 A

【解析】证券公司与客户之间的证券清算交收，由中国结算公司根据成交记录按照业务规则自动办理。

51. 关于股票价格指数的功能说法，不正确的是(　　)。

A. 综合反映一国宏观经济运行状态

B. 便于对股票市场大势走向作出分析

C. 作为投资业绩评价的标尺，提供一个股市投资的基准回报

D. 作为指数衍生产品和其他金融创新的基础

【答案】A

【解析】股票价格指数反映的是一定时期内某一证券市场上股票价格的变动方向和变动程度，只能作为观测经济形势和周期状况的参考指标。

52. 关于股票价格指数编制，说法正确的是(　　)。

A. 选择样本股时，只能选择具有代表性的这部分股票

B. 股票价格指数的基期就是计算平均股价的当日

C. 计算计算期平均股价或市值应当作出必要的修正

D. 指数化时应当将基期平均股价或市值定为100%

【答案】C

【解析】样本股可以是全部上市公司，也可以是其中有代表性的一部分。股票价格指数的基期是所选取的某一有代表性或者股价相对稳定的日期。指数化时，基期平均股价或市值定为某一常数（通常为100、1000或者10）。

53. 沪深300指数成分股原则上每半年进行一次调整，每次调整的比例不超过(　　)。

A. 5%　　　　B. 10%

C. 20%　　　　D. 15%

【答案】B

【解析】沪深300指数个股原则上每半年调整一次，一般为1月初和7月初。每次调整的比例不超过10%。

54. 中证规模指数中定位于小盘指数的是(　　)。

A. 中证 100 指数　　　　B. 中证 700 指数

C. 中证 500 指数　　　　D. 中证 200 指数

【答案】 C

【解析】 中证 100 指数定位于大盘指数，中证 200 指数定位于中盘指数，中证 700 指数定位于中小盘指数。

55. 上海证券交易所的股价指数不包括(　　)。

A. 上证综指　　　　B. 上证 50

C. 上证 300　　　　D. 上证 180

【答案】 C

【解析】 上海证券交易所的股价指数包括上证综指、上证 50、上证 180、上证 380 指数等为核心的上证指数体系，此外还包括上证 100 指数、上证 150 指数。

56. 深证成分指数于 1995 年 1 月 23 日发布，是中国证券市场中历史最悠久、数据最完整的成分股指数。它选取深圳证券市场中市值规模与流动性综合排名前（　　）位的 A 股组成样本股，从市值结构、行业结构、板块结构等方面，均能有效地表征深圳证券市场特点。

A. 50　　　　B. 100

C. 300　　　　D. 500

【答案】 D

【解析】 深证成分指数选取深圳市场前 500 位 A 股组成样本股。

57. 恒生指数是由香港（　　）编制的。

A. 证监会　　　　B. 恒生银行

C. 金融管理局　　　　D. 证券交易所

【答案】 B

【解析】 恒生指数是由香港恒生银行于 1969 年 11 月 24 日起编制公布的指数。

58. 沪港通试点初期，香港证监会要求参与港股通的境内投资者仅限于机构投资者及证券账户及资金账户资产合计不低于（　　）的个人投资者。

A. 人民币 20 万元　　B. 人民币 50 万元

C. 人民币 80 万元　　D. 人民币 100 万元

【答案】B

【解析】香港证监会要求参与港股通的境内个人投资者证券账户及资金账户资产合计不低于 50 万元。

59. 沪港通下的港股通起始额度为每日（　　）亿元人民币。

A. 80　　B. 105

C. 130　　D. 135

【答案】B

【解析】沪港通、深港通下的港股通起始额度为每日 105 亿元人民币；沪港通、深港通下的沪（深）股通起始额度为每日 130 亿元人民币。2018 年 5 月 1 日起额度上调 4 倍，港股通、沪（深）股通分别达到 420 亿元人民币和 520 亿元人民币。

60. 关于沪伦通，下列说法不正确的是(　　)。

A. 沪伦通是指上交所与伦交所的互联互通机制，初期从存托凭证起步

B. 沪伦通，存托凭证业务，包括东西两个业务方向

C. 东向业务是指符合条件的伦交所上市公司在上交所主板上市中国存托凭证（CDR），在中国境内融资

D. 西向业务是指符合条件的上交所 A 股上市公司在伦交所主板发行上市全球存托凭证（GDR）

【答案】C

【解析】试点初期，GDR 发行人可以在伦敦市场融资，CDR 发行人仅可以在上交所上市，而不在境内融资。

61. 关于个人投资者开通科创板股票交易权限的符合条件，说法正确的是(　　)。

A. 需核查申请权限开通前 10 个交易日证券账户及资金账户内的资产日均金额

B. 符合交易日期限规定的个人证券账户及资金账户内的资产日均不低于人民币 50 万元

C. 个人投资者需参与证券交易 12 个月以上

D. 核查的证券账户及资金账户包括该投资者通过融资融券融入的资金及证券

【答案】B

【解析】个人投资者开通科创板股票交易权限的条件包括：申请权限开通前 20 个交易日证券账户及资金账户内的资产，日均不低于人民币 50 万元（不包括该投资者通过融资融券融入的资金及证券），个人投资者需参与证券交易 24 个月以上。

62. 关于科创板申报要求，下列说法中不正确的是(　　)。

A. 无论通过市价还是限价申报买卖科创板股票的，单笔申报数量均应当不小于 200 股

B. 卖出科创板股票时，余额不足 200 股的部分，应当分次申报卖出

C. 通过市价申报买卖科创板股票的，单笔申报数量应不超过 5 万股

D. 通过限价申报买卖科创板股票的，单笔申报数量应不超过 10 万股

【答案】B

【解析】通过限价申报买卖科创板股票的，单笔申报数量应当不小于 200 股，且不超过 10 万股。通过市价申报买卖科创板股票的，单笔申报数量应当不小于 200 股，且不超过 5 万股。卖出时余额不足 200 股的部分应当一次性申报卖出。

63. 科创板具体交易方式不包括以下（　　）方式。

A. 定期交易　　B. 竞价交易

C. 盘后固定价格交易　　D. 大宗交易

【答案】A

【解析】科创板的交易方式包括竞价交易、盘后固定价格交易、大宗交易。

64. 下列关于科创板股票盘后固定价格交易的表述，不正确的是(　　)。

A. 上交所接受投资者收盘定价申报的时间为每个交易日 9:30～11:30、13:00～15:30

B. 每个交易日的15:05～15:30为盘后固定价格交易时间，当日15:00仍处于停牌状态的股票不进行盘后固定价格交易

C. 收盘集合竞价结束后，上交所交易系统按照时间优先顺序，对收盘定价申报进行撮合

D. 收盘集合竞价结束后，上交所交易系统按照价格优先、时间优先，对收盘定价申报进行撮合

【答案】D

【解析】收盘固定价格交易采用当日收盘价成交，只按照时间优先顺序进行撮合。

65. 下列关于股票账面价值的说法，不正确的是(　　)。

A. 股票的账面价值又被称为面值

B. 股票的账面价值又被称为股票净值或每股净资产

C. 从会计角度说，股票的账面价值等于股东权益价值

D. 股票账面价值的高低，对股票交易价格有重要影响

【答案】A

【解析】股票的票面价值又被称为面值。

66. 下列各项中，(　　)不是影响股价的宏观经济与政策因素。

A. 战争　　　　B. 财政政策

C. 经济增长　　　　D. 货币政策

【答案】A

【解析】影响股价的宏观经济与政策因素：经济增长、经济周期循环、货币政策、财政政策、市场利率、通货膨胀、汇率变化、国际收支状况。

67. 广泛应用于解决证券估值、组合构造和优化、策略制定、绩效评估、风险计量与风险管理等投资相关问题的一种证券投资分析方法是指(　　)。

A. 基本分析法　　　　B. 技术分析法

C. 量化分析法　　　　D. 股票分析法

【答案】C

【解析】量化分析法是利用统计、数值模拟和其他定量模型，进行证券

市场相关研究的一种方法，广泛应用于解决证券估值、组合构造和优化、策略制定、绩效评估、风险计量与风险管理等投资相关问题。

68. 关于货币的时间价值，以下表述正确的是(　　)。

A. 货币的时间价值等同于存款利息

B. 货币的时间价值是指货币随着时间的推移而发生的增值

C. 货币时间价值就是现金流量

D. 金额相等的货币持有的时间长度相同则增值量也相同

【答案】 B

【解析】 货币的时间价值是指货币随着时间的推移而发生的增值。

69. 甲借给乙 100 元，约定以 10% 的年利率复利计息，5 年后还本付息，那么 5 年后甲应该收到（　　）元。

A. 150　　B. 155. 75

C. 165. 5　　D. 161. 05

【答案】 D

【解析】 5 年后甲收到 100 ×（1 + 10%）5 = 161. 05（元）。

70. 下列不属于影响股票投资价值内部因素的是(　　)。

A. 公司净资产　　B. 公司盈利水平

C. 公司所在行业的情况　　D. 股份分割

【答案】 C

【解析】 影响股票投资价值的内部因素主要包括公司净资产、盈利水平、股利政策、股份分割、增资和减资以及资产重组等。行业因素属于影响股票投资价值的外部因素。

71. 甲企业目前付息债务的市场价值为 20 万元，股权的市场价值为 30 万元，税前债务成本是 8%，股权资本成本为 6%，所得税税率 25%，则甲企业的加权平均资本成本为(　　)。

A. 6%　　B. 7. 6%

C. 8. 8%　　D. 9. 2%

【答案】 A

【解析】加权平均资本成本 WACC = [D/（D + E）× kD ×（1 − t）] + E/（D + E）× kE = 20/（20 + 30）× 8% ×（1 − 25%）+ 30/（20 + 30）× 6% = 6%。

72. 甲公司的每股收益是 2.5 元，甲公司的可比公司 B 公司的市盈率为 2，则甲公司的股票价值为（　　）元。

A. 2　　　　B. 25

C. 4　　　　D. 5

【答案】D

【解析】每股价值 = 每股收益 × 市盈率 = 2.5 × 2 = 5（元）。

73. 下列关于市销率倍数法的描述，错误的是(　　)。

A. 市销率（P/S）倍数反映了一家公司的股权价值相对其销售收入的倍数

B. 在使用市销率倍数法估值时，先确定可比公司的市销率作为目标公司估值的市销率倍数，然后使用公式计算目标公司股权价值或每股价值

C. 股权投资基金投资的创业企业，可能净利润为负数，经营性现金流也为负数，且账面价值比较低，此时市销率倍数法比较实用

D. 市销率倍数法的一个局限是不能反映销售收入和成本的影响

【答案】D

【解析】市销率倍数法的局限之处是不能反映成本的影响，因此主要适用于销售成本率较低的收入驱动型公司。

二、组合型单项选择题

1. 股票应载明的主要事项有(　　)。

Ⅰ. 公司名称　　Ⅱ. 公司成立的日期

Ⅲ. 股票的编号　　Ⅳ. 公司盖章及董事长的签名、股东代表的签名

A. Ⅰ、Ⅱ　　　　B. Ⅰ、Ⅱ、Ⅲ

C. Ⅱ、Ⅲ、Ⅳ　　　　D. Ⅰ、Ⅱ、Ⅳ

【答案】B

【解析】股票应当载明下列主要事项：公司名称、公司成立的日期、股票种类、票面金额及代表的股份数、股票的编号。

2. 关于股票的性质，下列叙述正确的有(　　)。

Ⅰ. 股票本身具有价值

Ⅱ. 股票的转让就是股东权的转让

Ⅲ. 股票与它代表的财产权有不可分离的关系，两者合为一体

Ⅳ. 股票是一种代表财产权的有价证券

A. Ⅰ、Ⅲ　　B. Ⅰ、Ⅱ、Ⅳ

C. Ⅱ、Ⅲ、Ⅳ　　D. Ⅱ、Ⅳ

【答案】C

【解析】股票本身没有价值。

3. 股东权是一种综合权利，股东依法享有（　　）等权利。

Ⅰ. 资产收益　　Ⅱ. 重大决策　　Ⅲ. 选择管理者　　Ⅳ. 日常管理

A. Ⅱ、Ⅳ　　B. Ⅰ、Ⅲ

C. Ⅰ、Ⅱ、Ⅲ　　D. Ⅰ、Ⅱ、Ⅲ、Ⅳ

【答案】C

【解析】股东不能参与公司的日常管理。

4. 下列关于股票的参与性特征的叙述，正确的是(　　)。

Ⅰ. 股票持有人有权参与公司管理

Ⅱ. 股票持有人有权出席股东大会

Ⅲ. 股票持有人有权参与公司重大决策

Ⅳ. 股东参与公司重大决策的权利大小是相等的

A. Ⅱ、Ⅲ　　B. Ⅱ、Ⅳ

C. Ⅱ、Ⅲ、Ⅳ　　D. Ⅰ、Ⅱ、Ⅳ

【答案】A

【解析】Ⅰ项股票参与性是指股票持有人有权参与公司重大决策，不是参与公司管理；Ⅳ项股东参与公司重大决策的权利大小通常取决于其持有股份数量的多少。

5. 下列关于无记名股票和记名股票的差别，说法正确的是(　　)。

Ⅰ. 二者的差别主要体现在股东权利等方面

Ⅱ. 无记名股票转让相对简单，而记名股票转让相对复杂或受限制

Ⅲ. 无记名股票安全性较差，而记名股票相对安全

Ⅳ. 无记名股票在认购股票时要求一次缴纳出资，而记名股票可分一次或多次缴纳出资

A. Ⅰ、Ⅱ、Ⅲ　　B. Ⅰ、Ⅲ、Ⅳ

C. Ⅰ、Ⅱ、Ⅳ　　D. Ⅱ、Ⅲ、Ⅳ

【答案】D

【解析】无记名股票与记名股票的差别不是在股东权利等方面，而是在股票的记载方式上。

6. 无面额股票的特点有(　　)。

Ⅰ. 可以明确标识每一股所代表的股权比例

Ⅱ. 发行或转让价格比较灵活

Ⅲ. 便于股票分割

Ⅳ. 不可以为股票发行价格的确定提供依据

A. Ⅰ、Ⅲ、Ⅳ　　B. Ⅱ、Ⅲ

C. Ⅱ、Ⅲ、Ⅳ　　D. Ⅰ、Ⅱ、Ⅳ

【答案】B

【解析】无面额股票的特点：(1) 发行或转让价格比较灵活，(2) 便于股票分割。

7. 关于有面额股票和无面额股票的说法中，正确的是(　　)。

Ⅰ. 同次发行的有面额股票的每股票面金额是相等的

Ⅱ. 《中华人民共和国公司法》规定股票发行价格可以按票面金额，也可以超过票面金额或低于票面金额

Ⅲ. 无面额股票也称为比例股票

Ⅳ. 无面额股票只注明它在公司总股本中所占的比例

A. Ⅰ、Ⅱ、Ⅲ　　B. Ⅰ、Ⅲ、Ⅳ

C. Ⅱ、Ⅳ　　D. Ⅰ、Ⅱ、Ⅲ、Ⅳ

【答案】B

【解析】有面额股票可以按票面金额发行，也可以超过票面金额发行但是不得低于票面金额发行。

8. 按投资主体的不同性质，股票可以分为(　　)。

Ⅰ. 国家股　　Ⅱ. 法人股　　Ⅲ. 社会公众股　　Ⅳ. H 股

A. Ⅰ、Ⅱ、Ⅲ　　B. Ⅰ、Ⅲ、Ⅳ

C. Ⅱ、Ⅳ　　D. Ⅰ、Ⅱ、Ⅲ、Ⅳ

【答案】 A

【解析】 按投资主体的不同性质股票可以分为国家股、法人股、社会公众股和外资股等。按股票的上市地区划分，股票可以分为 A 股、B 股、H 股、N 股、L 股和 S 股等。

9. 关于股利分配，下列说法正确的有(　　)。

Ⅰ. 公司董事会将分红派息的消息公布于众的时间被称为股利宣布日

Ⅱ. 统计和确认参加本期股利分配的股东的日期被称为股权登记日

Ⅲ. 股权登记日之后的第二个工作日被称为除息除权日

Ⅳ. 股利正式发放给股东的日期被称为派发日

A. Ⅰ、Ⅱ、Ⅲ　　B. Ⅰ、Ⅱ、Ⅳ

C. Ⅱ、Ⅲ、Ⅳ　　D. Ⅰ、Ⅱ、Ⅲ、Ⅳ

【答案】 B

【解析】 除权除息日通常为股权登记日之后的 1 个工作日。

10. 下列股份变动中，一般情况下，有可能会导致股价下降的是(　　)。

Ⅰ. 增发和定向增发

Ⅱ. 配股

Ⅲ. 资本公积转增股本

Ⅳ. 可转换债券转换为股票

Ⅴ. 股份回购

A. Ⅱ、Ⅲ、Ⅳ　　B. Ⅰ、Ⅱ、Ⅲ、Ⅳ

C. Ⅰ、Ⅳ、Ⅴ　　D. Ⅱ、Ⅲ、Ⅳ

【答案】 B

【解析】 配股和增发根据增发价格、公司运营情况等因素，有可能导致股票价格下降，也可能导致股票价格上涨。可转债由于具有稀释效应，有可能导致股价下跌。而资本公积转增股本后，发行在外的股份数量增加，股价下降；股份回购减少供给增加需求，向市场传递积极信号，通常会导致股价上涨。

11. 下列关于股票分割与合并的说法中，正确的有(　　)。

Ⅰ. 股票分割又称拆股、拆细，是将 1 股股票均等地拆成若干股

Ⅱ. 从理论上说，如果把 1 股分拆为 2 股，则分拆后股价应为分拆前的一半

Ⅲ. 股票分割与合并通常会刺激股价下降或上升

Ⅳ. 股票分割与合并常见于低价股

A. Ⅰ、Ⅱ、Ⅲ　　B. Ⅰ、Ⅱ、Ⅳ

C. Ⅱ、Ⅲ、Ⅳ　　D. Ⅰ、Ⅲ、Ⅳ

【答案】 A

【解析】 股票分割常用于高价股，股票合并常见于低价股。

12. 下列关于股东大会的说法，错误的是(　　)。

Ⅰ. 股东大会一般每一年或者半年定期召开一次

Ⅱ. 董事会不可以提议召开临时股东大会

Ⅲ. 只有监事会可以提议召开临时股东大会

Ⅳ. 股东大会选举董事、监事，可以依照公司章程的规定或者股东大会的决议，实行累积投票制度

A. Ⅰ、Ⅱ、Ⅲ　　B. Ⅰ、Ⅲ、Ⅳ

C. Ⅱ、Ⅳ　　D. Ⅱ、Ⅲ、Ⅳ

【答案】 A

【解析】 Ⅰ项股东大会一般每年定期召开一次；董事会可以提议召开临时股东大会，Ⅱ项、Ⅲ项错误。

13. 普通股票股东依法享有的权利包括(　　)。

Ⅰ. 参与公司重大决策

Ⅱ. 分配公司剩余资产

Ⅲ. 依法转让持有的股份

Ⅳ. 依法查阅公司章程、股东名册、公司债券存根、董事会会议决议以及财务会计报告

A. Ⅰ、Ⅱ、Ⅲ　　B. Ⅰ、Ⅱ、Ⅳ

C. Ⅱ、Ⅲ、Ⅳ　　D. Ⅰ、Ⅱ、Ⅲ、Ⅳ

【答案】D

【解析】选项全部正确。此外还包括优先认股权。

14. 赋予普通股股东优先认股权的主要意义有(　　)。

Ⅰ. 保证普通股股东在股份公司保持原有的持股比例

Ⅱ. 保护原普通股股东的利益和持股价值

Ⅲ. 确保公司股份能够足额认购

Ⅳ. 增加公司的募集基金

A. Ⅰ、Ⅱ　　B. Ⅱ、Ⅳ

C. Ⅲ、Ⅳ　　D. Ⅰ、Ⅲ

【答案】A

【解析】赋予普通股股东优先认股权的主要意义有两个：第一保证普通股股东在股份公司保持原有的持股比例；第二保护原普通股股东的利益和持股价值。

15. 下列对普通股股东义务的说法中，正确的有(　　)。

Ⅰ. 公司股东滥用股东权利给公司或者其他股东造成损失的，应当依法承担赔偿责任

Ⅱ. 公司股东滥用法人独立地位和股东有限责任逃避责任，严重损害公司债权人利益的，应当对公司债务承担连带责任

Ⅲ. 公司的控股股东、实际控制人、监事、董事、高级管理人员不得利用其关联关系损害公司利益

Ⅳ. 如违反相关规定，给公司造成损失的，应当承担赔偿责任

A. Ⅱ、Ⅲ、Ⅳ　　B. Ⅰ、Ⅱ

C. Ⅰ、Ⅲ、Ⅳ　　D. Ⅰ、Ⅱ、Ⅲ、Ⅳ

【答案】D

【解析】选项全部正确。

16. 优先股股东一般不参与公司经营决策，表决权受到限制，下列事项中优先股股东具有表决权的是(　　)。

Ⅰ. 修改公司章程中与优先股相关的内容

Ⅱ. 一次或累计减少公司注册资本超过百分之二十

Ⅲ. 发行优先股

Ⅳ. 公司连续两个会计年度未按约定支付优先股股息

A. Ⅱ、Ⅲ、Ⅳ　　B. Ⅰ、Ⅱ

C. Ⅰ、Ⅲ、Ⅳ　　D. Ⅰ、Ⅱ、Ⅲ、Ⅳ

【答案】C

【解析】Ⅱ项应为一次或累计减少公司注册资本超过百分之十。Ⅳ项公司累计三个会计年度或连续两个会计年度未按约定支付优先股股息，优先股股东可以享有公司章程规定的表决权。此外，公司合并、分立、解散或变更公司形式，以及公司章程规定的其他情形优先股股东都具有表决权。

17. 优先股的意义主要有(　　)。

Ⅰ. 可以避免公司经营决策权的改变和分散

Ⅱ. 投资风险相对较小，不失为一种较安全的投资对象

Ⅲ. 优先股因收入稳定，二级市场价格波动小，风险较低，适宜中长线投资

Ⅳ. 可以筹集长期稳定的公司股本，又因其股息率固定，可以减轻利润分配的负担

A. Ⅰ、Ⅱ、Ⅲ　　B. Ⅰ、Ⅲ、Ⅳ

C. Ⅱ、Ⅲ、Ⅳ　　D. Ⅰ、Ⅱ、Ⅲ、Ⅳ

【答案】D

【解析】选项全部正确。

18. 国家股由（　　）持有。

Ⅰ. 国务院授权的部门　　Ⅱ. 国务院授权的机构

Ⅲ. 财政部授权的部门　　Ⅳ. 根据国务院规定，由地方人民政府授权的部门或机构

A. Ⅰ、Ⅱ、Ⅲ　　B. Ⅰ、Ⅱ、Ⅳ

C. Ⅱ、Ⅲ、Ⅳ　　D. Ⅰ、Ⅱ、Ⅲ、Ⅳ

【答案】B

【解析】国家股由国务院授权的部门或机构持有，或根据国务院决定由

地方人民政府授权的部门或机构持有。

19. 国家股从资金来源上看，主要有三个方面，包括(　　)。

Ⅰ. 民营上市公司对新组建公司的投资

Ⅱ. 现阶段有权代表国家投资的政府部门向新组建的股份公司的投资

Ⅲ. 经授权代表国家投资的投资公司、资产经营公司、经济实体性总公司等机构向新组建股份公司的投资

Ⅳ. 现有国有企业改组为股份公司时所拥有的净资产

A. Ⅰ、Ⅱ、Ⅲ　　B. Ⅰ、Ⅲ、Ⅳ

C. Ⅱ、Ⅲ、Ⅳ　　D. Ⅰ、Ⅱ、Ⅳ

【答案】 C

【解析】 国家股从资金上看，主要由后三项组成。

20. 境外上市外资股包括(　　)。

Ⅰ. C 股　Ⅱ. N 股　Ⅲ. H 股　Ⅳ. S 股　Ⅴ. B 股

A. Ⅰ、Ⅱ、Ⅲ　　B. Ⅱ、Ⅲ、Ⅳ

C. Ⅱ、Ⅳ、Ⅴ　　D. Ⅱ、Ⅲ、Ⅴ

【答案】 B

【解析】 境外上市外资股主要由 H 股、N 股、S 股构成。

21. 下列关于红筹股的说法中，正确的有(　　)。

Ⅰ. 红筹股不属于外资股

Ⅱ. 红筹股是指在中国境外注册、在香港上市，但主要业务在中国内地或大部分股东权益来自中国内地公司的股票

Ⅲ. 红筹股已经成为内地企业进入国际资本市场筹资的一条重要渠道

Ⅳ. 红筹股属于境外上市外资股

A. Ⅰ、Ⅱ、Ⅲ　　B. Ⅰ、Ⅲ、Ⅳ

C. Ⅱ、Ⅲ、Ⅳ　　D. Ⅰ、Ⅱ、Ⅲ、Ⅳ

【答案】 A

【解析】 Ⅳ项红筹股不属于外资股。

22. 无限售条件股份包括(　　)。

Ⅰ. 境内上市外资股　　Ⅱ. 国家持股
Ⅲ. 境外上市外资股　　Ⅳ. 国有法人持股
A. Ⅰ、Ⅱ　　B. Ⅰ、Ⅲ
C. Ⅲ、Ⅳ　　D. Ⅰ、Ⅱ、Ⅲ、Ⅳ
【答案】B
【解析】无限售条件股份包括人民币普通股（A 股）、境内上市外资股和境外上市外资股及其他。有限售条件股份包括国家持股、国有法人持股、其他内资持股、外资持股。

23. 股票发行制度是指发行人在申请发行股票时，必须遵循的一系列程序化的规范，具体包括(　　)。
Ⅰ. 发行主体　　Ⅱ. 发行监管制度　　Ⅲ. 发行方式　　Ⅳ. 发行定价
A. Ⅰ、Ⅱ、Ⅲ　　B. Ⅰ、Ⅲ、Ⅳ
C. Ⅱ、Ⅲ、Ⅳ　　D. Ⅰ、Ⅱ、Ⅲ、Ⅳ
【答案】C
【解析】股票发行制度具体表现在发行监管制度、发行方式与发行定价等方面。

24. 股票的发行制度包括(　　)。
Ⅰ. 审批制　　Ⅱ. 登记制　　Ⅲ. 核准制　　Ⅳ. 注册制
A. Ⅰ、Ⅱ、Ⅲ　　B. Ⅰ、Ⅲ、Ⅳ
C. Ⅱ、Ⅲ、Ⅳ　　D. Ⅰ、Ⅲ
【答案】B
【解析】股票发行制度有三种，即审批制、核准制和注册制。

25. 发行人销售证券的方法有（　　）。
Ⅰ. 自销　　Ⅱ. 直销　　Ⅲ. 包销　　Ⅳ. 代销
A. Ⅰ、Ⅱ　　B. Ⅰ、Ⅲ、Ⅳ
C. Ⅱ、Ⅲ、Ⅳ　　D. Ⅰ、Ⅱ、Ⅲ、Ⅳ
【答案】B
【解析】发行人销售证券的方法有自销和承销两种，其中承销方式一般有包销和代销两种。

26. 根据新修订《证券法》的规定，公司首次公开发行新股，应当具备的条件包括(　　)。

Ⅰ. 具备健全且运行良好的组织机构，具有持续经营能力

Ⅱ. 最近三年财务会计报告，被出具无保留意见审计报告

Ⅲ. 发行人及其控股股东实际控制人，最近三年不存在贪污、贿赂、侵占财产、挪用财产或者破坏社会主义市场经济秩序的刑事犯罪

Ⅳ. 国务院批准的国务院证券监督管理机构规定的其他条件

A. Ⅰ、Ⅱ、Ⅲ　　B. Ⅰ、Ⅲ、Ⅳ

C. Ⅱ、Ⅲ、Ⅳ　　D. Ⅰ、Ⅱ、Ⅲ、Ⅳ

【答案】 D

【解析】 选项全部正确。

27. 发行人申请首次发行股票并在创业板上市，应当符合的条件之一包括(　　)。

Ⅰ. 发行人是依法设立且持续经营三年以上的股份有限公司，具备健全且运行良好的组织机构，相关机构和人员能够依法履行职责

Ⅱ. 最近三年财务会计报告由注册会计师出具无保留意见的审计报告

Ⅲ. 发行人业务完整，具有直接面向市场独立持续经营的能力

Ⅳ. 发行人规范运行

A. Ⅰ、Ⅱ　　B. Ⅰ、Ⅲ、Ⅳ

C. Ⅰ、Ⅱ、Ⅳ　　D. Ⅰ、Ⅱ、Ⅲ、Ⅳ

【答案】 D

【解析】 选项全部正确。

28. 主板（中小企业板）上市公司公开发行股票，需要满足的条件包括(　　)。

Ⅰ. 发行人最近 36 个月内未受到过中国证监会的行政处罚，最近 12 个月内未受到过证券交易所的公开谴责

Ⅱ. 上市公司与控股股东或实际控制人的人员、资产、财务分开，机构、业务独立，能够自主经营管理

Ⅲ. 最近 12 个月内不存在违规对外提供担保的行为

Ⅳ. 最近 24 个月内曾公开发行证券的，不存在发行当年营业利润比上

年下降50%以上的情形

A. Ⅰ、Ⅱ　　B. Ⅰ、Ⅲ、Ⅳ

C. Ⅰ、Ⅱ、Ⅳ　　D. Ⅰ、Ⅱ、Ⅲ、Ⅳ

【答案】D

【解析】选项全部正确。

29. 主板（中小企业板）不得公开发行证券的情形包括(　　)。

Ⅰ. 最近三年以现金方式累计分配的利润，不少于最近三年实现的年均可分配利润的50%

Ⅱ. 本次发行申请文件有虚假记载，误导性陈述或重大遗漏

Ⅲ. 上市公司及其控股股东或实际控制人，最近12个月内存在未履行向投资者作出的公开承诺的行为

Ⅳ. 上市公司或其现任董事、高级管理人员因涉嫌犯罪被司法机关立案侦查或者涉嫌违法违规被中国证监会立案调查

A. Ⅰ、Ⅱ、Ⅲ　　B. Ⅰ、Ⅲ、Ⅳ

C. Ⅱ、Ⅲ、Ⅳ　　D. Ⅰ、Ⅱ、Ⅲ、Ⅳ

【答案】C

【解析】Ⅰ项应为最近三年以现金方式累计分配的利润，不少于最近三年实现的年均可分配利润的30%。其余选项皆为原文。

30. 创业板上市公司公开发行股票，需要满足的条件包括(　　)。

Ⅰ. 具备健全且运行良好的组织机构

Ⅱ. 最近三年财务会计报告被出具无保留意见审计报告

Ⅲ. 最近三年盈利，净利润以扣除非经常性损益前后孰低者为计算依据

Ⅳ. 除金融类企业外，最近一期末不存在持有金额较大的财务性投资的情形

A. Ⅰ、Ⅱ、Ⅲ　　B. Ⅰ、Ⅲ、Ⅳ

C. Ⅰ、Ⅱ、Ⅳ　　D. Ⅰ、Ⅱ、Ⅲ、Ⅳ

【答案】C

【解析】Ⅲ项应为最近两年盈利，净利润以扣除非经常性损益前后孰低者为计算依据。

31. 根据2020年6月12日深圳证券交易所发布的《深圳证券交易所创业板股票上市规则（2020年修订）》，发行人申请在深交所创业板上市，应当符合的条件是(　　)。

Ⅰ. 向社会公开发行的股份达到公司股份总数的25%以上

Ⅱ. 公司股本总额超过人民币4亿元的，向社会公开发行股份的比例为10%以上

Ⅲ. 发行后股本总额不低于3000万元

Ⅳ. 市值及财务指标符合《深交所创业板股票上市规则》规定的标准

A. Ⅰ、Ⅱ、Ⅲ　　B. Ⅰ、Ⅲ、Ⅳ

C. Ⅰ、Ⅱ、Ⅳ　　D. Ⅰ、Ⅱ、Ⅲ、Ⅳ

【答案】 D

【解析】 选项全部正确。此处需注意：主板发行条件为发行前股本总额不低于3000万元，创业板标准为发行后股本总额不低于3000万元。

32. 科创板上市公司发行股票募集资金使用应当符合的规定包括(　　)。

Ⅰ. 应当投资于科技创新领域的业务

Ⅱ. 符合国家产业政策和有关环境保护、土地管理等法律、行政法规规定

Ⅲ. 募集资金项目实施后，不会控制股东实际控制人及其控制的其他企业，新增构成重大不利影响的同业竞争、显失公平的关联交易

Ⅳ. 募集资金项目实施后，不会严重影响公司生产经营的独立性

A. Ⅰ、Ⅱ、Ⅲ　　B. Ⅰ、Ⅲ、Ⅳ

C. Ⅰ、Ⅱ、Ⅳ　　D. Ⅰ、Ⅱ、Ⅲ、Ⅳ

【答案】 D

【解析】 选项全部正确。

33. 按照《上市公司证券发行管理办法（2020年修订）》主板（中小企业板）上市公司的配股应当满足的条件包括(　　)。

Ⅰ. 控股股东应当在股东大会召开前公开承诺认配股份的数量

Ⅱ. 最近3年及一期财务报表未被注册会计师出具否定意见或者无法表示意见的审计报告

Ⅲ. 采用证券法规定的包销方式发行

Ⅳ. 拟配售股份数量不超过本次配售股份前股本总额的30%

A. Ⅰ、Ⅱ、Ⅲ　　B. Ⅰ、Ⅲ、Ⅳ

C. Ⅱ、Ⅲ、Ⅳ　　D. Ⅰ、Ⅱ、Ⅳ

【答案】D

【解析】配股向原有股东发售，应当采用代销方式发行。

34. 按照中国证监会发布的《创业板上市公司证券发行管理暂行办法》，创业板上市公司增发股票需要满足(　　)。

Ⅰ. 除金融类企业外，最近一期末不存在持有金额较大的交易性金融资产和可供出售金融资产、借予他人款项、委托理财等财务投资的情形

Ⅱ. 发行价格不低于公告招股意向书前二十个交易日或者前一个交易日公司股票均价

Ⅲ. 最近三个会计年度的加权平均净资产收益率平均不低于6%

Ⅳ. 上市公司最近12个月内没有受到证券交易所的公开谴责

A. Ⅰ、Ⅱ　　B. Ⅰ、Ⅱ、Ⅲ

C. Ⅰ、Ⅱ、Ⅳ　　D. Ⅰ、Ⅱ、Ⅲ、Ⅳ

【答案】C

【解析】Ⅲ项属于主板（中小企业板）上市公司增发股票需要满足的条件。

35. 下列关于新股网上网下申购的说法，正确的有(　　)。

Ⅰ. 首次公开发行股票采用询价方式的，公开发行股票后总股本在4亿股（含）以下的，网下初始发行比例不低于本次公开发行股票数量的60%

Ⅱ. 首次公开发行股票采用询价方式的，发行后总股本超过4亿股的，网下初始发行比例不低于本次公开发行股票数量的70%

Ⅲ. 首次公开发行股票网下投资者申购数量低于网下初始发行量的，发行人和主承销商不得将网下发行部分向网上回拨，应当中止发行

Ⅳ. 网上投资者申购数量不足网上初始发行量的，可回拨给网下投资者

A. Ⅰ、Ⅱ、Ⅲ　　B. Ⅰ、Ⅳ

C. Ⅱ、Ⅲ　　D. Ⅰ、Ⅱ、Ⅲ、Ⅳ

【答案】D

【解析】选项全部正确。

36. 首次发行采用询价方式的，应当安排不低于本次公开发行股票数量的40%优先向通过公开募集方式设立的（　　）基金配售。

Ⅰ. 证券投资基金　　　　Ⅱ. 商业财产保险基金

Ⅲ. 全国社会保障基金　　Ⅳ. 基本养老保险基金

A. Ⅰ、Ⅱ、Ⅲ　　　　B. Ⅰ、Ⅲ、Ⅳ

C. Ⅱ、Ⅲ、Ⅳ　　　　D. Ⅰ、Ⅱ、Ⅲ、Ⅳ

【答案】B

【解析】优先配售的基金不包括商业财产保险基金。

37. 上市公司发生下列（　　）情形，应当被强制退市。

Ⅰ. 上市公司社会公众持股比例不足10%

Ⅱ. 上市公司连续10个交易日（不含停牌交易日）每日股票收盘价均低于股票面值

Ⅲ. 上市公司在证券交易所规定期限内，未改正财务会计报告中的重大错误

Ⅳ. 法定期限届满后，上市公司在证券交易所规定的期限内未能披露半年度报告

A. Ⅰ、Ⅱ、Ⅲ　　　　B. Ⅰ、Ⅲ、Ⅳ

C. Ⅱ、Ⅲ、Ⅳ　　　　D. Ⅰ、Ⅱ、Ⅳ

【答案】B

【解析】Ⅱ项应为上市公司连续20个交易日（不含停牌交易日）每日股票收盘价均低于股票面值。

38. 科创板上市公司可能退市的情形主要包括(　　)。

Ⅰ. 重大违法强制退市　　Ⅱ. 交易类强制退市

Ⅲ. 财务类强制退市　　　Ⅳ. 规范类强制退市

A. Ⅰ、Ⅲ　　　　B. Ⅰ、Ⅱ、Ⅳ

C. Ⅱ、Ⅲ、Ⅳ　　D. Ⅰ、Ⅱ、Ⅲ、Ⅳ

【答案】D

【解析】选项全部正确。

39. 证券交易的原则有(　　)。

Ⅰ. 公平原则　　Ⅱ. 公正原则　　Ⅲ. 公开原则　　Ⅳ. 及时原则

A. Ⅰ、Ⅱ、Ⅲ　　B. Ⅰ、Ⅲ、Ⅳ

C. Ⅱ、Ⅲ、Ⅳ　　D. Ⅰ、Ⅱ、Ⅲ、Ⅳ

【答案】A

【解析】证券交易必须遵循“公平、公正、公开”的原则。

40. 我国证券交易所现行竞价方式有(　　)。

Ⅰ. 集合竞价　　Ⅱ. 连续竞价　　Ⅲ. 拍卖竞价　　Ⅳ. 招标竞价

A. Ⅰ、Ⅱ　　B. Ⅰ、Ⅲ

C. Ⅱ、Ⅳ　　D. Ⅲ、Ⅳ

【答案】A

【解析】我国证券交易所实行集合竞价和连续竞价两种方式。

41. 证券交易指令驱动系统的特点有(　　)。

Ⅰ. 证券交易价格由买方和卖方的力量直接决定

Ⅱ. 投资者买卖证券的对手是其他投资者

Ⅲ. 证券成交价格的形成由经纪商决定

Ⅳ. 投资者买卖证券与其他投资者不发生任何关系

A. Ⅰ、Ⅱ　　B. Ⅰ、Ⅲ

C. Ⅱ、Ⅳ　　D. Ⅲ、Ⅳ

【答案】A

【解析】Ⅲ项、Ⅳ项属于报价驱动的特点。

42. 证券交易机制的目标包括(　　)。

Ⅰ. 流动性　　Ⅱ. 证券市场的高效率

Ⅲ. 稳定性　　Ⅳ. 证券市场的低成本

A. Ⅰ、Ⅱ、Ⅲ　　B. Ⅰ、Ⅲ、Ⅳ

C. Ⅱ、Ⅲ、Ⅳ　　D. Ⅰ、Ⅱ、Ⅲ、Ⅳ

【答案】D

【解析】证券交易机制的目标是多重的，主要目标有流动性、稳定性和有效性。有效性包含两个方面的要求，证券市场的高效率和证券市场的低成本。

43. 广义的融资融券交易，包括(　　)。

Ⅰ. 融资交易　　Ⅱ. 融券交易　　Ⅲ. 融通交易　　Ⅳ. 转融通交易

A. Ⅰ、Ⅱ、Ⅲ　　B. Ⅰ、Ⅲ、Ⅳ

C. Ⅱ、Ⅲ、Ⅳ　　D. Ⅰ、Ⅱ、Ⅳ

【答案】D

【解析】广义的融资融券包括融资交易、融券交易和转融通交易。

44. 下列属于非柜台委托的有(　　)。

Ⅰ. 人工电话委托　　Ⅱ. 传真委托

Ⅲ. 自助和电话自动委托　　Ⅳ. 网上委托

A. Ⅰ、Ⅱ、Ⅲ　　B. Ⅰ、Ⅱ、Ⅳ

C. Ⅱ、Ⅲ、Ⅳ　　D. Ⅰ、Ⅱ、Ⅲ、Ⅳ

【答案】D

【解析】非柜台委托包括人工电话委托或传真委托、自动和电话自动委托、网上委托等。

45. 对于委托受理的验证和审单环节，下列说法正确的是(　　)。

Ⅰ. 验证主要是查验证实客户的资金和证券

Ⅱ. 审单主要是审核客户的资金和证券

Ⅲ. 证券经纪商要根据证券交易所的交易规则进行审查

Ⅳ. 证券经纪商要对客户的证件和委托单在合法性和同一性方面进行审查

A. Ⅰ、Ⅱ、Ⅲ　　B. Ⅲ、Ⅳ

C. Ⅱ、Ⅲ、Ⅳ　　D. Ⅰ、Ⅲ、Ⅳ

【答案】B

【解析】Ⅰ项验证主要是对客户委托时递交的相关证件进行核实，Ⅱ项审单主要是检查客户填写的委托单。

46. 按照上海证券交易所的规定，属于下列（　　）情形的，首个交易日无价格涨跌幅限制。

Ⅰ. 首次公开发行上市股票　　Ⅱ. 增发上市的股票
Ⅲ. 暂停上市后恢复上市的股票　　Ⅳ. 退市后重新上市的股票
A. Ⅰ、Ⅱ、Ⅲ　　B. Ⅰ、Ⅲ、Ⅳ
C. Ⅰ、Ⅱ、Ⅳ　　D. Ⅰ、Ⅱ、Ⅲ、Ⅳ
【答案】D
【解析】选项全部正确。此外包括上海证券交易所认定的其他情形。

47. 股票价格指数的编制方法主要有(　　)。
Ⅰ. 算术平均法　　Ⅱ. 几何平均法　　Ⅲ. 加权平均法　　Ⅳ. 除数修正法
A. Ⅰ、Ⅱ、Ⅲ　　B. Ⅰ、Ⅲ、Ⅳ
C. Ⅱ、Ⅲ、Ⅳ　　D. Ⅰ、Ⅱ、Ⅳ
【答案】A
【解析】股票价格指数的编制方法主要有三种，即算术平均法、几何平均法和加权平均法。

48. 沪深300指数样本空间需要同时满足的条件包括(　　)。
Ⅰ. 非创业板股票要求上市时间超过一个季度，除非该股票自上市以来的日均A股总市值在全部沪深A股中排在前30位
Ⅱ. 非ST、＊ST、非暂停上市股票
Ⅲ. 创业板股票要求上市时间超过三年
Ⅳ. 股票价格无明显的异常波动或市场操纵
A. Ⅰ、Ⅱ、Ⅲ　　B. Ⅰ、Ⅲ、Ⅳ
C. Ⅰ、Ⅱ、Ⅳ　　D. Ⅰ、Ⅱ、Ⅲ、Ⅳ
【答案】D
【解析】选项全部正确。

49. 下列（　　）是境外主要股票市场的股票价格指数。
Ⅰ. 道琼斯工业股价平均数
Ⅱ. 标准普尔500指数
Ⅲ. 纳斯达克指数
Ⅳ. 金融时报证券交易指数

Ⅴ. 日经平均股价指数

A. Ⅰ、Ⅱ、Ⅲ、Ⅳ　　B. Ⅰ、Ⅲ、Ⅳ、Ⅴ

C. Ⅱ、Ⅲ、Ⅳ、Ⅴ　　D. Ⅰ、Ⅱ、Ⅲ、Ⅳ、Ⅴ

【答案】D

【解析】选项全部正确。

50. 下列关于沪港通概念的说法中，正确的是(　　)。

Ⅰ. 全称为沪港股票市场交易互联互通机制

Ⅱ. 可以买卖所有对方交易所上市股票

Ⅲ. 包括沪股通和港股通两部分

Ⅳ. 通过上海证券交易所或联交所在对方所在地设立的证券交易服务公司买卖

A. Ⅰ、Ⅲ　　B. Ⅰ、Ⅲ、Ⅳ

C. Ⅱ、Ⅳ　　D. Ⅰ、Ⅱ、Ⅲ、Ⅳ

【答案】B

【解析】沪港通只能买卖规定范围内的对方交易所上市股票。

51. 下列关于股票价值与价格的说法中，正确的是(　　)。

Ⅰ. 股票的账面价值又称为面值，即在股票票面上标明的金额

Ⅱ. 股票价格是指股票在证券市场上买卖的价格，从理论上说，股票价格应由其价值决定

Ⅲ. 股票及其他有价证券的理论价格是根据现值理论而来的

Ⅳ. 股票的市场价格一般是指股票在一级市场上交易的价格

A. Ⅰ、Ⅱ　　B. Ⅱ、Ⅲ

C. Ⅰ、Ⅱ、Ⅳ　　D. Ⅰ、Ⅱ、Ⅲ、Ⅳ

【答案】B

【解析】Ⅰ项股票的账面价值又称为股票净值或每股净资产。在股票票面上标明的金额是股票面值。Ⅳ项股票的市场价格一般是指股票在二级市场上交易的价格。

52. 下列选项中，可以用于分析公司经营状况好坏的有(　　)。

Ⅰ. 公司的竞争力　　Ⅱ. 公司财务状况

Ⅲ. 公司治理水平　　Ⅳ. 公司改组或合并

A. Ⅰ、Ⅱ、Ⅲ　　B. Ⅰ、Ⅲ、Ⅳ

C. Ⅱ、Ⅲ、Ⅳ　　D. Ⅰ、Ⅱ、Ⅲ、Ⅳ

【答案】D

【解析】选项全部正确。

53. 行业因素包括定性因素和定量因素，常见的有(　　)。

Ⅰ. 行业或产业竞争结构　　Ⅱ. 抗外部冲击的能力

Ⅲ. 经济周期循环　　Ⅳ. 行业估值水平

A. Ⅰ、Ⅱ、Ⅲ　　B. Ⅰ、Ⅲ、Ⅳ

C. Ⅰ、Ⅱ、Ⅳ　　D. Ⅰ、Ⅱ、Ⅲ、Ⅳ

【答案】C

【解析】常见的行业因素：（1）行业或产业竞争结构，（2）行业可持续性，（3）抗外部冲击的能力，（4）监管及税收待遇，（5）劳资关系，（6）财务与融资问题，（7）行业估值水平。经济周期循环属于宏观经济与政策因素。

54. 影响股价变化的其他因素包括(　　)。

Ⅰ. 心理因素　　Ⅱ. 人为操纵因素

Ⅲ. 政策及制度因素　　Ⅳ. 宏观经济因素

A. Ⅰ、Ⅱ、Ⅲ　　B. Ⅰ、Ⅲ、Ⅳ

C. Ⅱ、Ⅲ、Ⅳ　　D. Ⅰ、Ⅱ、Ⅳ

【答案】A

【解析】影响股价变动的其他因素包括政治和不可抗力的影响、心理因素、政策因素、制度因素、人为操纵因素等。

55. 股票投资分析方法主要有(　　)。

Ⅰ. 基本分析法　Ⅱ. 技术分析法　Ⅲ. 量化分析法　Ⅳ. 趋势分析法

A. Ⅰ、Ⅱ、Ⅲ　　B. Ⅰ、Ⅲ、Ⅳ

C. Ⅱ、Ⅲ、Ⅳ　　D. Ⅰ、Ⅱ、Ⅳ

【答案】A

【解析】股票投资分析方法主要有三大类：基本分析法、技术分析法、量化分析法。

56. 股票投资分析的基本分析法，其假设是(　　)。

Ⅰ. 股票的价值决定价格　　Ⅱ. 股票的价格决定价值

Ⅲ. 股票的价格围绕价值波动　　Ⅳ. 股票的价值围绕价格波动

A. Ⅰ、Ⅲ　　B. Ⅰ、Ⅳ

C. Ⅱ、Ⅲ　　D. Ⅱ、Ⅳ

【答案】 A

【解析】 基本分析法的假设：股票的价值决定价格，股票的价格围绕价值波动。

57. 在基本分析法中对宏观经济的分析，主要探讨各经济指标和经济政策对股票价格的影响，这些经济指标分为(　　)。

Ⅰ. 先行性指标　　Ⅱ. 同步性指标

Ⅲ. 滞后性指标　　Ⅳ. 技术性指标

A. Ⅰ、Ⅱ、Ⅲ　　B. Ⅰ、Ⅲ、Ⅳ

C. Ⅱ、Ⅲ、Ⅳ　　D. Ⅰ、Ⅱ、Ⅳ

【答案】 A

【解析】 基本分析法中宏观经济分析指标包括先行性指标、同步性指标和滞后性指标。

58. 使用绝对估值法估计公司的股票价值，需要考虑的因素有(　　)。

Ⅰ. 时期　　Ⅱ. 各期现金流

Ⅲ. 未来所有时期的平均贴现率　　Ⅳ. 各期现金红利

A. Ⅰ、Ⅱ、Ⅲ　　B. Ⅰ、Ⅲ、Ⅳ

C. Ⅱ、Ⅲ、Ⅳ　　D. Ⅰ、Ⅱ、Ⅳ

【答案】 A

【解析】 使用绝对估值法估计公司的股票价值，需要考虑时期、各期现金流和未来所有时期的平均贴现率。

59. 股票的绝对估值方法包括(　　)。

Ⅰ. 现金流贴现模型　　Ⅱ. 红利贴现模型

Ⅲ. 自由现金流贴现模型　　Ⅳ. 市净率

A. Ⅰ、Ⅱ　　B. Ⅰ、Ⅳ

C. Ⅱ、Ⅲ　　D. Ⅰ、Ⅱ、Ⅲ

【答案】D

【解析】市净率属于相对估值法。

60. 运用企业自由现金流模型对企业价值进行估值，需要确定的指标有(　　)。

Ⅰ. 各期现金红利　　Ⅱ. 各期企业自由现金流

Ⅲ. 企业自由现金流的终值　　Ⅳ. 加权平均资本成本

A. Ⅰ、Ⅱ、Ⅲ　　B. Ⅰ、Ⅲ、Ⅳ

C. Ⅱ、Ⅲ、Ⅳ　　D. Ⅰ、Ⅱ、Ⅳ

【答案】C

【解析】企业自由现金流模型对企业进行估值，不需要各期现金红利。

61. 剔除资本结构影响的估值方法有(　　)。

Ⅰ. 市盈率倍数法

Ⅱ. 企业价值/息税前利润倍数法

Ⅲ. 企业价值/息税折旧摊销利润倍数法

A. Ⅰ　　B. Ⅰ、Ⅲ

C. Ⅱ　　D. Ⅱ、Ⅲ

【答案】D

【解析】本题考查相对估值法各方法的优缺点。

62. 市净率倍数法比较适用于资产流动性较高的企业，因此（　　）估值通常采用市净率法。

Ⅰ. 银行业　　Ⅱ. 运营历史悠久的制造业企业　　Ⅲ. 新兴产业

A. Ⅰ　　B. Ⅱ

C. Ⅲ　　D. Ⅱ、Ⅲ

【答案】A

【解析】银行业是资产流动性较高的行业之一。

第五章 债 券

一、单项选择题

1. 债券代表债券投资者的权利，这种权利称为(　　)。

A. 财产使用权　　B. 财产支配权

C. 债权　　D. 所有权

【答案】 C

【解析】 债券是债权的表现，这种权利不是直接的支配财产权，也不是资产所有权的表现。

2. 下列关于债券特征的描述，错误的是(　　)。

A. 安全性是指债券持有人的权益相对固定，且一定可按期收回投资

B. 收益性是指债券能为投资者带来一定的收入，即债券投资的报酬

C. 偿还性是指债券有规定的偿还期限，债务人必须按期向债权人支付本息

D. 流动性是指债券持有人可以按自己的需要和市场情况灵活地转让债券

【答案】 A

【解析】 债券安全性是指债券持有人的收益相对稳定，不随发行者经营收益的变动而变动，并且可按期收回本金。债券投资也是有风险的。

3. 按发行主体分类，债券可分为(　　)。

A. 政府债券、公司债券、金融债券等

B. 固定利率债券、浮动利率债券、免税债券等

C. 可转换债券、通货膨胀联结债券、结构化债券等

D. 短期债券、中期债券、长期债券

【答案】 A

【解析】 根据发行主体的不同，债券可以分为政府债券、金融债券和公

司债券。

4. 一般来说，(　　) 年以上的债券为长期债券。

A. 7　　B. 8

C. 9　　D. 10

【答案】D

【解析】按到期期限分类，1 年以下的债券为短期债券，1 年以上 10 年 (含 10 年) 以下的债券为中期债券，10 年以上的债券为长期债券。

5. 下列关于债券分类的说法，不正确的是(　　)。

A. 按债券形态可以分为实物债券、凭证式债券、记账式债券

B. 按利率是否固定分为固定利率债券、浮动利率债券和可调利率债券

C. 按期限长短分为长期债券、中期债券、短期债券

D. 按信用状况分为抵押债券、担保债券和信用债

【答案】D

【解析】按信用状况可以分为利率债和信用债。

6. 下列关于流通国债和非流通国债的说法中，不正确的是(　　)。

A. 流通国债可以自由转让，转让价格取决于市场利率

B. 流通国债的转让一般在证券市场上进行

C. 非流通国债不能自由转让，可以记名，也可以不记名

D. 非流通国债的发行对象有的是个人，有的是一些特殊的机构

【答案】A

【解析】非流通国债转让价格取决于对该国债的供给与需求。

7. 地方政府债券按投资金用途和偿还资金来源分类，通常可以分为(　　)。

A. 特种债券和保值债券　　B. 一般债券和专项债券

C. 一般责任债券和专项债券　　D. 基本建设债券和国家重点建设债券

【答案】B

【解析】地方政府债券按资金用途和偿还资金来源分类，通常可以分为

一般债券（普通债券）和专项债券（收入债券）。

8. 金融债券是指（　　）依照法定程序发行并约定在一定期限内还本付息的有价证券。

A. 大型国企　　B. 银行及非银行金融机构

C. 上市公司　　D. 地方政府

【答案】B

【解析】金融债券是由银行及非银行金融机构发行的。

9. 商业银行除发行普通的金融债券外，还包括（　　）和(　　)。

A. 次级债券；信用债券　　B. 次级债券；资本补充债券

C. 信用债券；资本补充债券　　D. 信用债券；担保债券

【答案】B

【解析】除普通金融债券外，商业银行还可以发行次级债券和资本补充债券。

10. 商业银行公开发行次级债券应具备的条件不包括下列(　　)。

A. 实行贷款五级分类

B. 最近 3 年没有重大违法、违规行为

C. 核心资本充足率不低于 4%

D. 贷款损失准备计提充足

【答案】C

【解析】商业银行公开发行次级债券，核心资本充足率不低于 5%；私募方式发行次级债券，核心资本充足率不低于 4%。

11. 以下关于我国证券公司短期融资券的说法，错误的是(　　)。

A. 在证券交易所上市交易　　B. 约定在一定期限内还本付息

C. 以短期融资为目的　　D. 在银行间债券市场发行

【答案】A

【解析】证券公司短期融资券在银行间债券市场发行和交易。

12. 下列关于可转换公司债券的说法，不正确的是(　　)。

A. 一种可以在特定时间、按特定条件转换为普通股股票的特殊企业债券

B. 兼有债权投资和股权投资的双重优势

C. 按可转债包含赎回条款和回售条款，可以分为可赎回债券和可回售债券

D. 可转债的转股价格一经确定，不得调整

【答案】D

【解析】可转债的转股价格在三种情况下可以进行调整。

13. 关于可交换公司债券与可转换公司债券的异同，表述不正确的是(   )。

A. 可交换公司债券的股份来源是上市公司股东限售或无限售条件的股票，可转换公司债券股份来源是上市公司新发行的股票

B. 可交换公司债券的发债主体和偿债主体是上市公司的股东，通常是大股东，可转换公司债券的发行和偿债主体是上市公司本身

C. 可交换公司债券是股东投资退出、市值管理、资产流动性管理的方式，不一定要用于上市公司，可转换公司债券的募集资金用于上市公司

D. 所换股份的来源不同，可交换公司债券是股东持有的已经发行的公司股份，可转换公司债券是上市公司未来发行的新股

【答案】A

【解析】可交换公司债券的股票来源，需要是符合条件的上市公司股东无限售条件的股票。

14. 下列关于可续期企业债券的说法，不正确的是(   )。

A. 理论上可不断续期永续存在

B. 计息周期一般在 5 ~ 10 年

C. 具有期限超长、主动赎回、可充当资本金等诸多优势

D. 发展改革委并未对该类债券制定专门的规定

【答案】B

【解析】可续期企业债券计息周期一般在 3 ~ 5 年。

15. 项目收益债券非公开发行的单笔认购不少于（   ）万元人民币。

A. 200　　B. 300

C. 400　　D. 500

【答案】D

【解析】项目收益债非公开发行的每次发行时认购的机构投资者不超过200人，单笔认购不少于500万元人民币。

16. 短期融资券的最长期限不超过（　　）天。

A. 365　　B. 270

C. 180　　D. 90

【答案】A

【解析】短期融资券的最长期限不超过365天，超短期融资券的期限为270天。

17. 集合票据是指（　　）具有法人资格的中小非金融企业，在银行间债券市场以统一产品设计、统一券种冠名、统一信用增进、统一发行注册方式共同发行的，约定在一定期限还本付息的债务融资工具。

A. 2个（含）以上、10个（含）以下

B. 2个（含）以上、20个（含）以下

C. 5个（含）以上、10个（含）以下

D. 5个（含）以上、20个（含）以下

【答案】A

【解析】集合票据的发行人是2个（含）以上、10个（含）以下。

18. 上市公司公开发行公司债券，可以申请一次核准，分期发行。自中国证监会核准发行之日起，发行人应当在（　　）个月内完成首期发行，剩余数量应在（　　）个月发行完毕。

A. 6；12　　B. 12；36

C. 12；24　　D. 6；24

【答案】C

【解析】上市公司发行公司债券，首期发行应当自中国证监会核准发行之日起12个月内完成，剩余数量应当在24个月内发行完毕。

19. 下列不属于国际债券的主要投资者的是(　　)。

A. 自然人　　B. 各国政府

C. 银行或其他金融机构　　D. 工商财团

【答案】 B

【解析】 国际债券的主要投资者包括：银行或其他金融机构、各种基金会、工商财团和自然人。

20. 下列关于国际债券的说法中，不正确的是(　　)。

A. 外国债券一般由发行地所在国的证券公司、金融机构承销

B. 欧洲债券在法律上所受的限制比外国债券宽松得多

C. 欧洲债券和外国债券在发行纳税方面不存在差异

D. 欧洲债券由一家或几家大银行牵头，组织十几家或几十家国际性银行，在一个国家或几个国家同时承销

【答案】 C

【解析】 外国债券受发行地所在国的税法管制，欧洲债券的预扣税一般可以豁免，投资者的利息收入也免缴所得税。

21. 资产证券化是以特定资产组合或特定现金流为支持，发行可交易证券的一种(　　)。

A. 投资形式　　B. 负债形式

C. 融资形式　　D. 资产形式

【答案】 C

【解析】 资产证券化是一种融资形式。

22. 关于资产证券化的分类，以下不属于根据基础资产分类的是(　　)。

A. 不动产证券化　　B. 应收账款证券化

C. 未来收益证券化　　D. 混合型证券化

【答案】 D

【解析】 按基础资产分类，资产证券化可以分为不动产证券化、应收账款证券化、信贷资产证券化、未来收益证券化、债券组合证券化等。按证券化产品的金融属性可以分为股权型证券化、债权型证券化和混合型证

券化。

23. 下列关于资产证券化的具体操作要求的说法，不正确的是(　　)。

A. 特殊目的机构有时也可以由发起人设立

B. 资产支持证券发行完毕到挂牌上市交易后，资产证券化的工作并没有全部完成

C. 承销商采用的销售方式可以采用包销或代销

D. 资产支持证券的评级时，需要考虑的因素包括由利率变动等因素导致的市场风险

【答案】 D

【解析】 资产证券化评级的考虑因素不包括由利率变动等因素导致的市场风险，而主要考虑资产的信用风险。

24. 1988 年我国首次通过（　　）方式发行国债。

A. 行政分配　　　　B. 公开招标

C. 承购包销　　　　D. 商业银行和邮政储蓄柜台销售

【答案】 D

【解析】 1988 年财政部首次通过商业银行和邮政储蓄柜台销售了一定数量的国债。

25. 国债的竞争性招标方式包括（　　）。

A. 单一价格和修正的多重价格招标方式

B. 单一利率和修正的多重利率招标方式

C. 单一利率和修正的多重价格招标方式

D. 单一价格和修正的多重利率招标方式

【答案】 A

【解析】 国债及联系招标方式包括单一价格、修正的多重价格招标方式，招标标的为利率或价格。

26. 国债以竞争性招标方式发行，标的为利率时，标位变动幅度为(　　)。

A. 0.01%　　　　B. 0.001%

C. 0.1%　　D. 0.0001%

【答案】A

【解析】利率招标时，标位变动幅度为0.01%。

27. 国债竞争性招标，单一标位最低投标限额为（　　）亿元，投标量最小变动幅度为0.1亿元，最高投标限额为30亿元。

A. 0.02　　B. 0.2

C. 0.1　　D. 0.01

【答案】C

【解析】国债竞争性招标，单一标位最低投标限额为0.1亿元，最高投标限额为30亿元，投标量最小变动幅度为0.1亿元的整数倍。

28. 关于财政部代理发行地方政府债券的相关规定，单一标位最低投标限额为（　　）亿元，投标量最小变动幅度为0.1亿元，最高投标限额为30亿元。

A. 0.02　　B. 0.2

C. 0.1　　D. 0.01

【答案】B

【解析】财政部代理发行地方政府债券的，单一标位最低投标限额为0.2亿元，投标量最小变动幅度为0.1亿元，最高投标限额为30亿元。

29. 记账式国债的承销商通过交易所市场发行国债的分销时，下列说法正确的是(　　)。

A. 投资者免缴佣金，证券交易所向代理机构收取费用

B. 投资者缴纳佣金，证券交易所向代理机构收取费用

C. 投资者免缴佣金，证券交易所向代理机构免收费用

D. 投资者缴纳佣金，证券交易所向代理机构免收费用

【答案】C

【解析】记账式国债通过交易所发行，投资者免缴佣金，证券交易所向代理机构免收费用。

30. 地方政府一般债券采用承销或招标方式的，发行利率在承销或招标

日前（　　）个工作日相同待偿期记账式国债的平均收益率之上确定。

A. 1 ~5 个　　B. 1 ~3 个

C. 1 ~7 个　　D. 30 个

【答案】A

【解析】地方政府一般债券发行利率在承销或招标日前 1 ~5 个工作日相同待偿期记账式国债的平均收益率之上确定。

31. 专项债券期限为 1 年、2 年、3 年、5 年、7 年和 10 年，由各地综合考虑项目建设、运营、回收周期和债券市场状况等合理确定，但 7 年和 10 年期债券的合计发行规模不得超过专项债券全年发行规模的(　　)。

A. 20%　　B. 30%

C. 40%　　D. 50%

【答案】D

【解析】7 年和 10 年期债券的合计发行规模不得超过专项债券全年发行规模的 50%。

32. 关于金融债券的发行与承销，下列说法不正确的是(　　)。

A. 政策性银行发行金融债券，应按年向中国人民银行报送金融债券发行申请，经中国人民银行核准后方可发行

B. 金融债券可在全国银行间债券市场公开发行或定向发行

C. 发行金融债券的承销可采用协议承销、招标承销等方式

D. 发行人可以认购自己发行的金融债券

【答案】D

【解析】发行人不得认购或变相认购自己发行的金融债券。

33. 以下关于商业银行次级债务的说法，不正确的是(　　)。

A. 固定期限不低于 10 年（含 10 年）

B. 募集方式为向目标债权人定向募集

C. 索偿权在其他负债之后

D. 索偿权在存款之后

【答案】A

【解析】商业银行次级债务，固定期限不低于 5 年（含 5 年）。

34. 我国的混合资本债券自发行之日起（　　）后发行人具有一次赎回权。

A. 10 年　　　　B. 3 年

C. 5 年　　　　D. 7 年

【答案】A

【解析】发行之日起 10 年后发行人具有一次赎回权，若发行人未行使赎回权，可以适当提高混合资本债券的利率。

35. 下列关于公开发行公司债券的说法，不正确的是(　　)。

A. 具备健全且运行良好的组织机构

B. 最近三年平均可分配利润，足以支付公司债券一年的利息

C. 注册资本不低于人民币 3000 万元

D. 国务院规定的其他条件

【答案】C

【解析】最新《证券法》已无注册资本的要求。

36. 公司债券采用分期发行方式的，发行人应当在后续发行中及时披露更新后的债券募集说明书，并在每期发行完成后（　　）个工作日内报中国证监会备案。

A. 1　　　　B. 3

C. 5　　　　D. 10

【答案】C

【解析】公司债券分期发行的，应当在每期发行完成后 5 个工作日内报中国证监会备案。

37. （　　）负责受理短期融资券的发行注册。

A. 中国银行保险监督管理委员会

B. 中国银行间市场交易商协会

C. 中国人民银行

D. 商务部

【答案】B

【解析】中国银行间市场交易商协会负责受理短期融资券的发行注册。

38. 下列关于证券公司债券发行的说法中，错误的是（　　）。

A. 由于证券公司有其特殊性，其发行条件、条款设计、申报程序等要求不同于公司债券的相关规定

B. 证券公司债券发行的规范法律法规是《公司债券发行与交易管理办法》

C. 证券公司发行债券必须遵守《证券法》《公司法》的相关规定

D. 长期次级债计入净资本数额不得超过净资本的（不含长期次级债累计计入净资本的数额）50%

【答案】A

【解析】证券公司债券的发行条件与条款设计等要求同公司债券的相关规定。

39. 国际开发机构在中国境内申请发行人民币债券，（　　）对人民币债券发行利率进行管理。

A. 财政部　　B. 国务院

C. 国家外汇管理局　　D. 中国人民银行

【答案】D

【解析】中国人民银行对人民币债券发行利率进行管理。

40. 关于国际开发机构人民币债券，下列说法不正确的是(　　)。

A. 经国家外汇管理局批准，国际开发机构发行人民币债券所筹集的资金可以购汇汇出境外使用

B. 发行人从境外调入外汇资金用于人民币债券还本付息，应经中国人民银行备案

C. 国际开发机构发行人民币债券工作文本语言应为英文

D. 国际开发机构在中国境内发行人民币债券，发生违约或其他纠纷时，适用中国法律

【答案】C

【解析】国际开发机构发行人民币债券工作文本语言应为中文。

41. 回购交易通常在（　　）交易中运用。

A. 远期　　B. 现货

C. 债券　　　　D. 股票

【答案】C

【解析】回购交易更多地具有短期融资的属性，通常在债券交易中运用。

42. (　　) 是指参与者为达成交易而直接向交易对手方作出的、对手方确认即可成交的报价。

A. 公开报价　　　　B. 对话报价

C. 双边报价　　　　D. 小额报价

【答案】B

【解析】题干是对话报价的概念。

43. 在证券交易所交易的债券，按照交割日期的不同，可分为当日交割、普通日交割和约定日交割三种。目前，沪深证券交易所规定为(　　)。

A. 当日交割　　　　B. 普通日交割

C. 约定日交割　　　　D. 以上三种都可以

【答案】A

【解析】目前，沪深证券交易所对债券的交割规定是当日交割，即在买卖成交当天办理券款交割手续。

44. 银行间债券市场中长期债券信用等级划分为(　　)。

A. 三等六级　　　　B. 四等九级

C. 四等六级　　　　D. 三等九级

【答案】D

【解析】我国银行间债券市场中长期债券信用等级划分为三等九级。

45. 下列关于银行间债券市场的说法，错误的是(　　)。

A. 银行间债券市场短期债券信用等级除 AAA 级，CCC 级以下等级外，每一个信用等级可用“+”“-”符号进行微调，表示略高或略低于本等级

B. 银行间债券市场长期债券信用 AA 级表示：偿还债务的能力很强，受不利经济环境的影响不大，违约风险很低

C. 银行间债券市场短期债券信用评级划分为四等六级

D. 银行间债券市场长期债券信用等级划分为三等九级

【答案】 A

【解析】 银行间债券市场中长期债券信用等级除 AAA 级，CCC 级以下等级外，每一个信用等级可用“+”“-”符号进行微调，表示略高或略低于本等级。

46. 根据不同市场债券价格等要素的确定方式分类，下列属于银行间市场交易方式的是(　　)。

A. 回购交易　　B. 远期交易

C. 期货交易　　D. 点击成交交易

【答案】 D

【解析】 根据不同市场债券价格等要素的确定方式分类，银行间市场的交易方式包括询价交易方式和点击成交交易方式。

47. 交易所市场的债券清算和结算主要采取的是中央对手方的(　　)。

A. 全额逐笔结算机制　　B. 差额结算机制

C. 差额逐笔结算机制　　D. 净额结算机制

【答案】 D

【解析】 交易所市场的债券清算和结算主要采取的是中央对手方的净额结算机制。

48. 根据《债券跨市场转托管业务指引》，转入证券交易所市场的国债，可用于交易的起始时间是转托管完成后(　　)。

A. 下一个交易日　　B. 当天

C. 3 个交易日后　　D. 2 个交易日后

【答案】 A

【解析】 转入证券交易所市场的国债，在下一个交易日可以使用。

49. 对债券的贴现率没有直接影响的是(　　)。

A. 真实无风险收益率　　B. 预期通胀率

C. 付息方式　　D. 风险溢价

【答案】 C

【解析】债券的贴现率也被称为必要回报率，债券必要回报率 = 真实无风险利率 + 预期通货膨胀率 + 风险溢价。

50. 2018 年 3 月 5 日某年息 6%，面值 100 元、每半年付息 1 次的 1 年期债券，上次付息为 2017 年 12 月 31 日。如市场竞价报价为 96 元和实际支付价格为（　　）元。

A. 96　　B. 97. 05

C. 97. 5　　D. 100

【答案】B

【解析】实际支付价格 = 净价 + 应付利息，应付利息等于累计天数乘以利率。累计天数（算头不算尾）=31（1 月）+28（2 月）+4（3 月）= 63（天），应计利息 = 100 × 6% ÷ 2 × 63 ÷ 180 = 1. 05（元）。实际支付价格 =96 + 1. 05 =97. 05（元）。

51. 2020 年 3 月 31 日财政部发行的某期国债距到期日还有三年，面值 100 元，票面利率年息 3. 75%，每年付息 1 次，下次付息日在 1 年以后。1 年期、2 年期、3 年期贴现率分别为 4%、4. 5%、5%。该债券理论价格为（　　）元。

A. 92. 38　　B. 96. 66

C. 95. 74　　D. 98. 25

【答案】B

【解析】该债券的理论价格（P）：

$P = 3.75/(1+4\%) + 3.75/(1+4.5\%)^2 + 103.75/(1+5\%)^3 = 96.66$（元）。

52. 假定某投资者以 940 元的价格买了面额为 1000 元、票面利率为 10%、剩余期限为 6 年的债券。那么该投资者的当期收益率为（　　）。

A. 10%　　B. 10. 35%

C. 10. 64%　　D. 11%

【答案】C

【解析】当期收益率的计算公式为 $Y = C/P \times 100\% = 1000 \times 10\% \div 940 = 10.64\%$。

53. 使债券未来现金流现值等于当前价格所用的相同的贴现率是指(　　)。

A. 当前收益率　　B. 到期收益率

C. 持有期收益率　　D. 赎回收益率

【答案】B

【解析】题干是到期收益率的概念。

二、组合型单项选择题

1. 债券所规定的资金借贷双方的权责关系主要有(　　)。

Ⅰ. 所借贷货币资金的数额

Ⅱ. 借贷的时间

Ⅲ. 在借贷时间内的资金成本或应有的补偿（债券的利息）

Ⅳ. 债券的利率

A. Ⅰ、Ⅱ、Ⅲ　　B. Ⅰ、Ⅱ、Ⅳ

C. Ⅱ、Ⅲ、Ⅳ　　D. Ⅰ、Ⅱ、Ⅲ、Ⅳ

【答案】A

【解析】债券所规定的资金借贷双方的权责关系主要有：所借贷货币资金的数额，借贷的时间，在借贷时间内的资金成本或应有的补偿（利息）。

2. 债券的基本票面要素包括(　　)。

Ⅰ. 债券的票面价值　　Ⅱ. 债券的到期期限

Ⅲ. 债券的票面利率　　Ⅳ. 债券发行者名称

A. Ⅰ、Ⅱ、Ⅲ　　B. Ⅰ、Ⅱ、Ⅳ

C. Ⅱ、Ⅲ、Ⅳ　　D. Ⅰ、Ⅱ、Ⅲ、Ⅳ

【答案】D

【解析】债券票面上有四个基本要素：票面价值、到期期限、票面利率、发行者名称。

3. 在实际经济活动中，债券收益可以表现为(　　)。

Ⅰ. 利息收入　Ⅱ. 资本利得　Ⅲ. 再投资收益　Ⅳ. 债务人违约金

A. Ⅰ、Ⅱ、Ⅲ　　B. Ⅰ、Ⅱ、Ⅳ

C. Ⅱ、Ⅲ、Ⅳ　　D. Ⅰ、Ⅱ、Ⅲ、Ⅳ

【答案】A

【解析】在实际经济活动中，债券收益可以表现为三种形式：利息收入、资本损益、再投资收益。

4. 下列关于债券按付息方式分类中，说法正确的是(　　)。

Ⅰ. 零息债券是指存续期间没有利息支付，到期时一次性获得本息

Ⅱ. 附息债券又可分为固定利率债券和浮动利率债券两大类

Ⅲ. 可以根据合约条款推迟支付定期利率的附息债券被称为缓息债券

Ⅳ. 息票累积债券也规定了票面利率

A. Ⅰ、Ⅱ、Ⅲ　　B. Ⅰ、Ⅱ、Ⅳ

C. Ⅱ、Ⅲ、Ⅳ　　D. Ⅰ、Ⅱ、Ⅲ、Ⅳ

【答案】C

【解析】零息债券以低于面值的价格发行和交易，债券持有人以买卖价差的方式获得债券利息。

5. 按照计息方式的不同，附息债券可以分为(　　)。

Ⅰ. 贴现债券　　Ⅱ. 固定利率债券

Ⅲ. 浮动利率债券　　Ⅳ. 混合利率债券

A. Ⅰ、Ⅱ　　B. Ⅱ、Ⅲ

C. Ⅱ、Ⅲ、Ⅳ　　D. Ⅰ、Ⅱ、Ⅲ、Ⅳ

【答案】B

【解析】按计息方式的不同，附息债券可以分为固定利率债券、浮动利率债券。

6. 债券与股票的不同之处包括(　　)。

Ⅰ. 权利不同　　Ⅱ. 目的不同　　Ⅲ. 期限不同　　Ⅳ. 收益不同

A. Ⅰ、Ⅱ、Ⅲ　　B. Ⅰ、Ⅱ、Ⅳ

C. Ⅲ、Ⅳ　　D. Ⅰ、Ⅱ、Ⅲ、Ⅳ

【答案】D

【解析】债券与股票的区别主要表现在：权利不同、发行目的及主体不同、期限不同、收益不同、风险不同。

7. 下列关于政府债券的说法中，正确的有(　　)。

Ⅰ. 政府债券又被称为金边债券

Ⅱ. 政府债券收益稳定，流通性较弱

Ⅲ. 政府债券分为中央政府债券和地方政府债券

Ⅳ. 政府债券是一种有价债券

A. Ⅰ、Ⅱ、Ⅲ　　B. Ⅰ、Ⅱ、Ⅳ

C. Ⅰ、Ⅲ、Ⅳ　　D. Ⅰ、Ⅱ、Ⅲ、Ⅳ

【答案】 C

【解析】 Ⅱ项政府债券的特征主要有安全性高、流动性强、收益稳定和免税待遇。

8. 下列关于国债按资金用途分类，说法正确的有(　　)。

Ⅰ. 赤字国债是指用于弥补政府预算赤字的国债

Ⅱ. 建设国债是指发债筹措的资金用于建设项目的国债

Ⅲ. 战争国债专指用于弥补战争费用的国债

Ⅳ. 特种国债是指政府为了实施某种特殊政策而发行的国债

A. Ⅰ、Ⅱ、Ⅲ　　B. Ⅰ、Ⅱ、Ⅳ

C. Ⅰ、Ⅲ、Ⅳ　　D. Ⅰ、Ⅱ、Ⅲ、Ⅳ

【答案】 D

【解析】 选项全部正确。

9. 凭证式国债和储蓄国债（电子式）的区别有(　　)。

Ⅰ. 是否免税不同。凭证式国债免缴利息税，储蓄国债（电子式）不免

Ⅱ. 申请购买手续不同。凭证式国债可持现金直接购买；储蓄国债（电子式）需开立个人国债托管账户并指定对应的资金账户后购买

Ⅲ. 付息方式不同。凭证式国债为到期一次还本付息；储蓄国债（电子式）既有按年付息品种，也有利随本清品种

Ⅳ. 发行对象不同。凭证式国债的发行对象主要是个人，部分机构也可认购；储蓄国债（电子式）的发行对象仅限个人，机构不允许购买或者持有

A. Ⅰ、Ⅱ、Ⅲ　　B. Ⅰ、Ⅱ、Ⅳ

C. Ⅱ、Ⅲ、Ⅳ　　D. Ⅰ、Ⅲ、Ⅳ

【答案】C

【解析】Ⅰ项储蓄国债也免税。

10. 我国普通国债发行的总体情况大致是(　　)。

Ⅰ. 规模越来越大　　Ⅱ. 发行方式趋于单一

Ⅲ. 期限趋于多样化　　Ⅳ. 发行方式趋于市场化

A. Ⅰ、Ⅱ、Ⅲ　　B. Ⅰ、Ⅱ、Ⅳ

C. Ⅰ、Ⅲ、Ⅳ　　D. Ⅰ、Ⅱ、Ⅲ、Ⅳ

【答案】C

【解析】我国普通国债的总体发行情况大致为规模越来越大、期限趋于多样化、发行方式趋于市场化。

11. 我国金融债券主要包括(　　)。

Ⅰ. 中央银行票据　　Ⅱ. 政策性金融债券

Ⅲ. 商业银行金融债券　　Ⅳ. 证券公司债券

A. Ⅰ、Ⅱ、Ⅲ　　B. Ⅰ、Ⅱ、Ⅳ

C. Ⅱ、Ⅲ、Ⅳ　　D. Ⅰ、Ⅱ、Ⅲ、Ⅳ

【答案】D

【解析】选项全部正确。中央银行票据本质上属于特殊的金融债券。此外还包括保险公司债券、财务公司债券和金融租赁公司债券等。

12. 政策性金融债券可以在全国银行间债券市场公开发行或定向发行，发行人可以采取（　　）或（　　）的方式。

Ⅰ. 一次足额发行　　Ⅱ. 不限额分次发行

Ⅲ. 连续发行　　Ⅳ. 限额内分期发行

A. Ⅰ、Ⅲ　　B. Ⅰ、Ⅳ

C. Ⅱ、Ⅳ　　D. Ⅰ、Ⅱ

【答案】B

【解析】政策性金融债券可以采取一次足额发行或限额内分期发行的方式。

13. 一般来说，商业银行发行金融债券应具备的条件有(　　)。

Ⅰ. 最近3年连续盈利

Ⅱ. 贷款损失准备计提充足

Ⅲ. 核心资本充足率不低于8%

Ⅳ. 最近3年没有重大违法、违规行为

A. Ⅰ、Ⅱ、Ⅲ　　B. Ⅰ、Ⅱ、Ⅳ

C. Ⅱ、Ⅲ、Ⅳ　　D. Ⅰ、Ⅲ、Ⅳ

【答案】B

【解析】Ⅲ项核心资本充足率要求不低于4%。

14. 下列关于证券公司借入次级债务的说法中，正确的有(　　)。

Ⅰ. 次级债务分为长期次级债务和短期次级债务

Ⅱ. 长期次级债务可以按一定比例计入净资本

Ⅲ. 短期次级债务可以按一定比例计入净资本

Ⅳ. 在清偿顺序中，次级债务在普通债务之后，股权资本债务之前

A. Ⅰ、Ⅱ、Ⅲ　　B. Ⅰ、Ⅱ、Ⅳ

C. Ⅱ、Ⅲ、Ⅳ　　D. Ⅰ、Ⅲ、Ⅳ

【答案】B

【解析】长期次级债券可以按一定比例计入净资本，短期次级债券不行。

15. 关于公司债券，下列说法正确的有(　　)。

Ⅰ. 信用公司债券的发行人实际上是将公司信誉作为担保

Ⅱ. 不动产抵押债券是以土地、设备、房屋等不动产为抵押担保品所发行的公司债券，是抵押证券的一种

Ⅲ. 保证公司债券担保人是发行人以外的其他人，如政府、信誉好的银行或举债公司的母公司等

Ⅳ. 可转换公司债券如果余额不足支付，未付利息可以累加，待公司收益增加后再补发

A. Ⅰ、Ⅱ、Ⅲ　　B. Ⅰ、Ⅱ、Ⅳ

C. Ⅱ、Ⅲ、Ⅳ　　D. Ⅰ、Ⅲ、Ⅳ

【答案】A

【解析】Ⅳ项应为收益公司债券。

16. 在可转债存续期间，当公司股票在任意连续（　　）个交易日中有（　　）个交易日的收盘价低于当期转股价格一定比例（80% ~85%）时，公司董事会有权提出转股价格向下修正方案并提交公司股东大会审议表决。

Ⅰ. 10　　Ⅱ. 15　　Ⅲ. 20　　Ⅳ. 30

A. Ⅲ、Ⅰ　　B. Ⅲ、Ⅱ

C. Ⅳ、Ⅱ　　D. Ⅳ、Ⅲ

【答案】C

【解析】在可转债存续期间，当公司股票在任意连续 30 个交易日中，有 15 个交易日的收盘价低于当期转股价格一定比例时可能向下修正。

17. 非金融企业债务融资工具的种类包括(　　)。

Ⅰ. 超短期融资券　　Ⅱ. 中期票据

Ⅲ. 中小企业集合票据　　Ⅳ. 非公开定向发行债务融资工具

A. Ⅰ、Ⅱ、Ⅲ　　B. Ⅰ、Ⅱ、Ⅳ

C. Ⅱ、Ⅲ、Ⅳ　　D. Ⅰ、Ⅱ、Ⅲ、Ⅳ

【答案】D

【解析】非金融企业债务融资工具目前主要包括短期融资券、超短期融资券、中期票据、中小非金融企业集合票据、非公开定向发行债务融资工具等。

18. 我国的企业债券和公司债券在（　　）方面有所不同。

Ⅰ. 发行方式以及发行的审核方式　　Ⅱ. 担保要求

Ⅲ. 发行主体的范围　　Ⅳ. 发行定价方式

A. Ⅰ、Ⅱ、Ⅲ　　B. Ⅰ、Ⅱ、Ⅳ

C. Ⅱ、Ⅲ、Ⅳ　　D. Ⅰ、Ⅱ、Ⅲ、Ⅳ

【答案】D

【解析】选项全部正确。

19. 国际债券是一种跨国发行的债券，涉及两个或两个以上的国家。同国内债券相比，具有一定的特殊性。这种特殊性表现在(　　)。

Ⅰ. 资金来源广、发行规模大　　Ⅱ. 存在汇率风险
Ⅲ. 有国家主权保障　　Ⅳ. 以自由兑换货币
A. Ⅰ、Ⅱ、Ⅲ　　B. Ⅰ、Ⅱ、Ⅳ
C. Ⅱ、Ⅲ、Ⅳ　　D. Ⅰ、Ⅱ、Ⅲ、Ⅳ
【答案】 D
【解析】 选项全部正确。

20. 我国发行的国际债券品种主要有(　　)。
Ⅰ. 政府债券　Ⅱ. 金融债券　Ⅲ. 公司债券　Ⅳ. 熊猫债券
A. Ⅰ、Ⅱ、Ⅲ　　B. Ⅰ、Ⅱ、Ⅳ
C. Ⅱ、Ⅲ、Ⅳ　　D. Ⅰ、Ⅱ、Ⅲ、Ⅳ
【答案】 A
【解析】 我国在国际债券市场上发行的主要债券品种包括政府债券、金融债券和公司债券。

21. 目前中国企业发行境外债券总体可以分为三类，分别是(　　)。
Ⅰ. 非人民币债券　Ⅱ. 点心债券　Ⅲ. 合成型债券　Ⅳ. 人民币债券
A. Ⅰ、Ⅱ、Ⅲ　　B. Ⅰ、Ⅱ、Ⅳ
C. Ⅱ、Ⅲ、Ⅳ　　D. Ⅰ、Ⅲ、Ⅳ
【答案】 A
【解析】 目前中国企业发行境外债券总体可以分为三类：非人民币债券、点心债券、合成型债券。

22. 下列属于资产证券化参与者的有(　　)。
Ⅰ. 发起人　Ⅱ. 承销商　Ⅲ. 受托人　Ⅳ. 投资者
A. Ⅰ、Ⅱ、Ⅲ　　B. Ⅰ、Ⅱ、Ⅳ
C. Ⅱ、Ⅲ、Ⅳ　　D. Ⅰ、Ⅱ、Ⅲ、Ⅳ
【答案】 A
【解析】 资产证券化参与者包括：发起人、特殊目的机构、信用征集机构、信用评级机构、承销商、服务商、受托人。

23. 下列关于资产证券化兴起的经济动因的说法，不正确的有(　　)。

Ⅰ. 资产证券化最基本的功能是融资

Ⅱ. 资产证券化可以解决资产和负债的不匹配

Ⅲ. 资产证券化交易中的证券一般都是单一品种

Ⅳ. 资产证券化产品的风险权重比基础资产本身的风险高

A. Ⅰ、Ⅱ、Ⅲ　　B. Ⅰ、Ⅱ、Ⅳ

C. Ⅰ、Ⅲ、Ⅳ　　D. Ⅰ、Ⅱ、Ⅲ、Ⅳ

【答案】C

【解析】Ⅰ项资产证券化最基本的功能是提高资产的流动性；Ⅲ项资产证券化交易中的证券一般不是单一品种，而是通过对现金流的分割和组合，设计出具有不同档级的证券；Ⅳ项资产证券化产品的风险权重比基础资产本身的风险权重低得多。

24. 资产证券化可以提升资产负债管理能力，优化财务状况。其对发起人的资产负债管理的提升作用体现在它可以解决资产和负债的不匹配性。这种不匹配性主要表现在（　　）。

Ⅰ. 流动性和期限的不匹配　　Ⅱ. 利率的不匹配

Ⅲ. 品种类型的不匹配　　Ⅳ. 风险权重的不匹配

A. Ⅰ、Ⅲ　　B. Ⅰ、Ⅱ

C. Ⅱ、Ⅲ　　D. Ⅲ、Ⅳ

【答案】B

【解析】资产和负债的不匹配性主要体现在流动性和期限的不匹配和利率的不匹配。

25. 资产证券化给投资者带来的好处有(　　)。

Ⅰ. 提供多样化的投资品种

Ⅱ. 提供更多的合规投资

Ⅲ. 降低资本要求，扩大投资规模

Ⅳ. 实现低成本融资

A. Ⅰ、Ⅲ、Ⅳ　　B. Ⅰ、Ⅱ、Ⅲ

C. Ⅱ、Ⅲ、Ⅳ　　D. Ⅰ、Ⅱ

【答案】B

【解析】Ⅳ项实现低成本融资是针对发行人而言的。

26. 我国自 20 世纪 90 年代就开始探索资产证券化业务。目前，我国资产证券化根据监管机构的不同可以分为(　　)。

Ⅰ. 信贷资产证券化　　Ⅱ. 企业资产证券化

Ⅲ. 资产支持票据　　Ⅳ. 保险资产证券化

A. Ⅰ、Ⅱ、Ⅲ　　B. Ⅰ、Ⅱ、Ⅳ

C. Ⅱ、Ⅲ、Ⅳ　　D. Ⅰ、Ⅱ、Ⅲ、Ⅳ

【答案】D

【解析】选项全部正确。

27. 国债采取竞争性招标方式发行，下列关于投标限定的描述中正确的是(　　)。

Ⅰ. 每一国债承销团成员最高、最低投标标位差不得大于当期（次）财政部规定的投标标位差

Ⅱ. 国债承销团甲类成员最高投标限额为当期（次）国债竞争性招标额的 35%

Ⅲ. 国债承销团乙类成员最高投标限额为当期（次）国债竞争性招标额的 30%

Ⅳ. 国债承销团成员于招标日后 1 个工作日缴纳发行款

A. Ⅰ、Ⅱ、Ⅲ　　B. Ⅰ、Ⅱ、Ⅳ

C. Ⅱ、Ⅲ、Ⅳ　　D. Ⅰ、Ⅱ、Ⅲ、Ⅳ

【答案】B

【解析】Ⅲ项国债承销团乙类成员最高投标限额为当期（次）国债竞争性招标额的 25%。

28. 下列关于凭证式国债的有关说法，正确的是(　　)。

Ⅰ. 各经办单位对在发行期内已缴款但未售完及购买者提前兑取的凭证式国债，仍可在原额度内继续发售

Ⅱ. 各经办单位对在发行期内已缴款但未售完及购买者提前兑取的凭证式国债，不可继续发售

Ⅲ. 凭证式国债采用“随买随卖”、利率按实际持有天数分档计付的交易方式

Ⅳ. 承担凭证式国债发行任务的各个系统一般每月要汇总本系统内的累

计发行数额

A. Ⅰ、Ⅲ　　B. Ⅰ、Ⅳ

C. Ⅱ、Ⅲ　　D. Ⅰ、Ⅲ、Ⅳ

【答案】D

【解析】Ⅱ项各经办单位对在发行期内已缴款但未售完及购买者提前兑取的凭证式国债，仍可在原额度内继续发售。

29. 下列关于国债销售价格的说法，正确的是(　　)。

Ⅰ. 在传统的行政分配和承购包销的方式下，国债按规定以面值出售，不存在承销商确定销售价格的问题

Ⅱ. 在现行多种价格的公开招标方式下，每个承销商的中标价格与财政部按市场情况和投标情况确定的发售价格是有差异的

Ⅲ. 目前，财政部要求国债承销商以中标价格分销国债

Ⅳ. 目前，财政部允许承销商在发行期内自定销售价格，随行就市发行

A. Ⅰ、Ⅱ、Ⅲ　　B. Ⅰ、Ⅱ、Ⅳ

C. Ⅱ、Ⅳ　　D. Ⅰ、Ⅲ

【答案】B

【解析】目前，财政部允许承销商在发行期内自定销售价格，随行就市发行，Ⅳ项正确，Ⅲ项错误。

30. 国债销售价格的影响因素有(　　)。

Ⅰ. 市场利率

Ⅱ. 承销商承销国债的中标成本

Ⅲ. 流通市场中可比国债的收益率水平

Ⅳ. 国际汇率

A. Ⅰ、Ⅱ、Ⅲ　　B. Ⅱ、Ⅳ

C. Ⅱ、Ⅲ　　D. Ⅰ、Ⅲ、Ⅳ

【答案】A

【解析】国债销售价格的影响因素：市场利率、承销商承销国债的中标成本、流通市场中可比国债的收益水平、国债承销的手续费收入、承销商所期望的资金回收速度、其他国债分销过程中的成本。

31. 下列关于保险公司次级债券的说法，正确的是(　　)。

Ⅰ. 批准向合格投资者募集

Ⅱ. 期限在5年以上（含5年）

Ⅲ. 本金和利息的清偿顺序列于保单责任之后，其他负债之前

Ⅳ. 本金和利息的清偿顺序先于保险公司股权资本

A. Ⅰ、Ⅱ、Ⅲ　　B. Ⅰ、Ⅱ、Ⅳ

C. Ⅱ、Ⅲ、Ⅳ　　D. Ⅰ、Ⅲ、Ⅳ

【答案】 B

【解析】 Ⅲ项保险公司次级债券，清偿顺序列于保单责任和其他负债之后，先于保险公司的股权资本。

32. 凡有下列（　　）情形之一的，不得再次公开发行公司债券。

Ⅰ. 前一次公开发行的公司债券尚未募足的

Ⅱ. 募集资金的用途不符合国家产业政策的

Ⅲ. 违反《中华人民共和国证券法》的规定，改变公开发行公司债券所募资金用途的

Ⅳ. 对已公开发行的公司债券或者其债务有违约或者延迟支付本息的事实，且仍处于继续状态的

A. Ⅰ、Ⅱ、Ⅲ　　B. Ⅰ、Ⅱ、Ⅳ

C. Ⅱ、Ⅲ、Ⅳ　　D. Ⅲ、Ⅳ

【答案】 D

【解析】 最新《证券法》只有Ⅲ项、Ⅳ项规定。

33. 中小非金融企业集合票据的特点是(　　)。

Ⅰ. 共同负债　　Ⅱ. 集合发行

Ⅲ. 发行期限固定　　Ⅳ. 引入信用增进机制

A. Ⅰ、Ⅱ、Ⅳ　　B. Ⅲ、Ⅳ

C. Ⅱ、Ⅳ　　D. Ⅰ、Ⅱ、Ⅲ、Ⅳ

【答案】 A

【解析】 中小非金融企业集合票据特点包括：分别负债、集合发行，发行期限灵活，引入信用增进机制。

34. 中小非金融企业发行集合票据应披露(　　)。

Ⅰ. 集合票据债项评级

Ⅱ. 各企业主体信用评级

Ⅲ. 专业信用增进机构（若有）主体信用评级

Ⅳ. 内幕信息

A. Ⅰ、Ⅱ、Ⅲ　　B. Ⅰ、Ⅱ、Ⅳ

C. Ⅲ、Ⅳ　　D. Ⅰ、Ⅱ、Ⅲ、Ⅳ

【答案】A

【解析】中小非金融企业集合票据的评级要求包括集合票据债项评级、各企业主体信用评级以及专业信用增进机构（若有）主体信用评级。内幕信息永远不包括在应当披露的信息之列。

35. 作为一种标准化的远期交易，期货交易与普通远期交易之间存在的区别包括(　　)。

Ⅰ. 交易场所和交易组织形式不同

Ⅱ. 交易的监管程度不同

Ⅲ. 金融期货交易是标准化交易，远期交易的内容可协商确定

Ⅳ. 交易风险不同，期货交易不存在信用风险，远期交易存在信用风险

A. Ⅰ、Ⅱ、Ⅲ　　B. Ⅰ、Ⅱ、Ⅳ

C. Ⅱ、Ⅲ、Ⅳ　　D. Ⅰ、Ⅱ、Ⅲ、Ⅳ

【答案】D

【解析】选项全部正确。

36. 债券买卖交易中有公开报价、对话报价、双边报价和小额报价四种报价方式，(　　) 属于询价交易方式的范畴。

Ⅰ. 公开报价　Ⅱ. 小额报价　Ⅲ. 双边报价　Ⅳ. 对话报价

A. Ⅰ、Ⅱ、Ⅲ　　B. Ⅰ、Ⅳ

C. Ⅰ、Ⅲ、Ⅳ　　D. Ⅰ、Ⅱ、Ⅲ、Ⅳ

【答案】B

【解析】公开报价和对话报价属于询价交易方式，双边报价、小额报价是点击确认、单项撮合的方式。

37. 债券的开户合同应当包括以下（　　）事项。

Ⅰ. 委托人真实姓名、住址、年龄、职业、身份证号

Ⅱ. 委托人与证券公司之间的权利和义务

Ⅲ. 确立开户合同的有效期限

Ⅳ. 延长合同期限的条件和程序

A. Ⅰ、Ⅱ、Ⅲ　　B. Ⅰ、Ⅱ、Ⅳ

C. Ⅰ、Ⅲ、Ⅳ　　D. Ⅰ、Ⅱ、Ⅲ、Ⅳ

【答案】D

【解析】选项全部正确。

38. 在证券交易所内，债券成交就是要使买卖双方在价格和数量上达成一致。这一程序必须遵循特殊的原则，又被称为竞价原则。这种竞价规则的主要内容是(　　)。

Ⅰ. 价格优先　Ⅱ. 时间优先　Ⅲ. 客户委托优先　Ⅳ. 合同优先

A. Ⅰ、Ⅱ、Ⅲ　　B. Ⅰ、Ⅱ、Ⅳ

C. Ⅰ、Ⅲ、Ⅳ　　D. Ⅰ、Ⅱ、Ⅲ、Ⅳ

【答案】A

【解析】债券成交的竞价规则主要是三优先：价格优先、时间优先、客户委托优先。

39. 中国人民银行指定办理银行间债券登记、托管与结算的机构有(　　)。

Ⅰ. 中国银行　Ⅱ. 中央国债登记结算有限公司

Ⅲ. 上海清算所　Ⅳ. 陆金所

A. Ⅰ、Ⅲ　　B. Ⅰ、Ⅲ、Ⅳ

C. Ⅱ、Ⅲ　　D. Ⅱ、Ⅳ

【答案】C

【解析】我国债券市场托管机构共有三家，分别是中央国债登记结算有限责任公司，银行间市场清算所股份有限公司（上海清算所），以及中国证券登记结算公司（中国结算公司）。

40. 下列债券不参与信用评级的有(　　)。

Ⅰ. 国库券　　　Ⅱ. 地方政府发行的公司债券

Ⅲ. 企业债券　　Ⅳ. 国家银行发行的金融债券

A. Ⅰ、Ⅱ、Ⅲ　　　　B. Ⅲ、Ⅳ

C. Ⅱ、Ⅲ、Ⅳ　　　　D. Ⅰ、Ⅳ

【答案】D

【解析】国家财政发行的国库券和国家银行发行的金融债券，因为有政府保证，所以不参加债券信用评级。地方政府或非国家银行金融机构发行的债券，则有必要进行评级。

41. 下列关于银行间债券市场的说法，正确的有（　　）。

Ⅰ. 投资者可以在银行间债券市场进行债券买卖和回购

Ⅱ. 政策性金融债券目前不在银行间市场进行交易

Ⅲ. 银行间债券市场已经成为我国债券市场的主体部分

Ⅳ. 银行间债券市场规模快速扩大，直接融资比例不断上升

A. Ⅰ、Ⅲ、Ⅳ　　　　B. Ⅱ、Ⅳ

C. Ⅰ、Ⅱ、Ⅲ　　　　D. Ⅰ、Ⅱ、Ⅲ、Ⅳ

【答案】A

【解析】Ⅱ项记账式国债的大部分政策性金融债券都在银行间债券市场发行并上市交易。

42. 询价交易方式是指交易双方自行协商确定交易价格以及其他交易要素的交易方式，包括(　　)。

Ⅰ. 报价　　Ⅱ. 格式化询价　　Ⅲ. 协商　　Ⅳ. 确认成交

A. Ⅰ、Ⅱ、Ⅲ　　　　B. Ⅰ、Ⅱ、Ⅳ

C. Ⅰ、Ⅲ、Ⅳ　　　　D. Ⅰ、Ⅱ、Ⅲ、Ⅳ

【答案】B

【解析】询价交易方式包括自主报价、格式化询价和确认成交三个步骤。

43. 目前，可以跨市场转托管交易的债券品种包括(　　)。

Ⅰ. 附息国债　　Ⅱ. 地方债　　Ⅲ. 企业债　　Ⅳ. 公司债

A. Ⅰ、Ⅱ、Ⅲ　　　　B. Ⅰ、Ⅱ、Ⅳ

C. Ⅱ、Ⅲ、Ⅳ　　D. Ⅰ、Ⅲ、Ⅳ

【答案】A

【解析】除了国债（包括附息国债和地方债）和企业债可以跨市场转托管，其他债券品种（包括公司债、证券公司次级债、中小企业私募债）都不能跨市场转托管。

44. 影响债券现金流的因素包括(　　)。

Ⅰ. 债券的嵌入式期权条款　　Ⅱ. 债券的计付息间隔

Ⅲ. 债券的税收待遇　　Ⅳ. 债券的面值和票面利率

A. Ⅰ、Ⅱ、Ⅲ　　B. Ⅰ、Ⅱ、Ⅳ

C. Ⅱ、Ⅲ、Ⅳ　　D. Ⅰ、Ⅱ、Ⅲ、Ⅳ

【答案】D

【解析】选项全部正确。此外还包括债券的利率类型、债券的币种等其他因素。

45. 下列关于债券的说法，正确的有(　　)。

Ⅰ. 债券估值的基本原理是现金流贴现

Ⅱ. 债券买卖报价分为净价和全价两种，结算为全价结算

Ⅲ. 净价是指不含应计利息的债券价格

Ⅳ. 应计利息为上一付息日（或起息日）至结算日之间累计的按百元面值计算的债券发行人应付给债券持有人的利息

A. Ⅰ、Ⅱ、Ⅲ　　B. Ⅰ、Ⅱ、Ⅳ

C. Ⅱ、Ⅲ、Ⅳ　　D. Ⅰ、Ⅱ、Ⅲ、Ⅳ

【答案】D

【解析】选项全部正确。

46. 下列哪些模型是债券估值模型(　　)。

Ⅰ. 零息债券定价　　Ⅱ. 附息债券定价

Ⅲ. 累息债券定价　　Ⅳ. 资产报酬率

A. Ⅰ、Ⅱ、Ⅲ　　B. Ⅰ、Ⅱ、Ⅳ

C. Ⅱ、Ⅲ、Ⅳ　　D. Ⅰ、Ⅱ、Ⅲ、Ⅳ

【答案】A

【解析】债券估值模型，包括零息债券定价、付息债券定价和累息债券定价。

47. 下列属于债券收益率特性的有(　　)。

Ⅰ. 当期收益率可以反映每单位投资的资本收益

Ⅱ. 到期收益率即金融学中所谓的内部报酬率

Ⅲ. 即期利率也称“零利率”，是零息债券到期收益率的简称

Ⅳ. 持有期收益率是指买入债券到卖出债券期间所获得的年平均收益

A. Ⅰ、Ⅱ、Ⅲ　　B. Ⅰ、Ⅱ、Ⅳ

C. Ⅱ、Ⅲ、Ⅳ　　D. Ⅰ、Ⅱ、Ⅲ、Ⅳ

【答案】C

【解析】Ⅰ项当期收益率是债券的年利息收入与买入价格的实际价格的比率，反映每单位投资能够获得的债券利息收益，但不反映每单位投资的资本损益。

48. 债券的利率期限结构主要包括（　　）收益率曲线。

Ⅰ. 反向　　Ⅱ. 水平　　Ⅲ. 正向　　Ⅳ. 拱形

A. Ⅰ、Ⅱ、Ⅲ　　B. Ⅰ、Ⅱ、Ⅳ

C. Ⅱ、Ⅲ、Ⅳ　　D. Ⅰ、Ⅱ、Ⅲ、Ⅳ

【答案】D

【解析】收益曲线状包括四种类型：正向收益率曲线、反向收益率曲线、水平收益率曲线和拱形收益率曲线。

49. 解释利率期限结构的理论主要有(　　)。

Ⅰ. 有效市场假说　　Ⅱ. 市场预期说

Ⅲ. 流动性偏好说　　Ⅳ. 市场分割说

A. Ⅰ、Ⅱ、Ⅲ　　B. Ⅰ、Ⅱ、Ⅳ

C. Ⅱ、Ⅲ、Ⅳ　　D. Ⅰ、Ⅱ、Ⅲ、Ⅳ

【答案】C

【解析】利率期限结构理论基于市场预期理论、流动性偏好理论和市场分割理论，分别建立起来。

第六章　证券投资基金

一、单项选择题

1. 下列选项中不属于证券投资基金的称谓的是(　　)。

A. 共同基金　　B. 证券投资信托基金

C. 单位信托基金　　D. 天使基金

【答案】D

【解析】美国的称谓是“共同基金”，日本和我国台湾地区称为“证券投资信托基金”，英国和我国香港地区称为“单位信托基金”。天使基金是对创业投资基金的一种称呼。

2. 按照基金的运作方式划分，可将证券投资基金分为封闭式基金和开放式基金，不属于这两种类型基金的区别是(　　)。

A. 期限不同　　B. 投资者地位不同

C. 发行规模限制不同　　D. 价格形成方式不同

【答案】B

【解析】封闭式基金与开放式基金的区别主要表现在期限、发行规模限制、价格形成方式、交易场所、激励约束机制、信息披露和投资策略等。

3. 按投资标的划分，证券投资基金可分为(　　)。

A. 债券基金、股票基金、货币市场基金

B. 封闭式基金与开放式基金

C. 成长型基金与收入型基金

D. 契约型基金与公司型基金

【答案】A

【解析】按投资标的划分，证券投资基金可分为股票基金、债券基金、货币市场基金、混合基金等。

4. 在我国，根据中国证监会对基金类别的分类标准，（　　）以上的基金资产投资于股票的，为股票基金。

A. 60%　　B. 70%

C. 80%　　D. 90%

【答案】C

【解析】80%以上的基金资产投资于股票的为股票基金。

5. 按照投资理念可将证券投资基金划分为(　　)。

A. 封闭式基金和开放式基金　　B. 公募基金和私募基金

C. 主动型基金和被动型基金　　D. 债券基金和股票基金

【答案】C

【解析】按投资理念可将基金划分为主动型基金和被动型基金。

6. 投资者在申购和赎回 ETF 时用的是(　　)。

A. 其他基金份额　　B. 一篮子股票

C. 股票和债券　　D. 现金

【答案】B

【解析】ETF 申购用一篮子股票换取 ETF 份额，赎回时换回的是一篮子股票，而不是现金。

7. （　　）又被称为结构型基金、可分离交易基金，是指在一只基金内部通过结构化的设计和安排，将普通基金份额拆分为具有不同预期收益与风险的两类（级）或多类（级）份额，并可分离上市交易的一种基金产品。

A. 伞形基金　　B. LOF

C. FOF　　D. 分级基金

【答案】D

【解析】题干是分级基金的概念。

8. 伞形基金又称（　　），是指多个基金共用一个基金合同，基金独立运作，子基金直接可以互相转换的一种基金结构形式。

A. 结构型基金　　B. 系列基金

C. 分级基金　　D. 混合型基金

【答案】B

【解析】伞形基金又称系列基金。

9. 养老目标基金的运作形式是(　　)。

A. 基金中基金　　B. 分级基金

C. 伞形基金　　D. 避险策略基金

【答案】A

【解析】养老基金应当采用基金中基金形式或中国证监会认可的其他形式运作。

10. 既是基金的当事人，又是基金的主要服务机构的是（　　）。

A. 基金评价机构　　B. 基金份额持有人

C. 基金托管人　　D. 基金投资顾问机构

【答案】C

【解析】基金管理人、基金托管人既是基金的当事人，又是基金的主要服务机构。

11. 作为实行自律管理的法人，证券交易所(　　)。

A. 不是市场的管理者，没有监管权限

B. 负责组织证券交易，没有监管权限

C. 是市场的管理者，具有法定的监管权限

D. 是市场的管理者，不受政府监管机构的监管

【答案】C

【解析】证券交易所具有监管者和被监管者的双重身份，一方面是市场的管理者具有法定的监管权限；另一方面其作为特殊的市场主体，也要接受政府证券监管机构的监管。

12. 基金的募集是指基金管理人根据有关规定向（　　）提交募集申请文件、发售基金份额、募集基金的行为。

A. 中国证监会　　B. 中国银保监会

C. 中国基金业协会　　D. 中国人民银行

【答案】A

【解析】基金募集需要基金管理公司向中国证监会提交申请。

13. 基金管理人应当自收到核准文件之日起（　　）个月内进行基金份额的发售。基金的募集期限自基金份额发售日开始计算，募集期限不得超过（　　）个月。

A. 3；6　　B. 6；3

C. 4；6　　D. 6；4

【答案】B

【解析】基金管理人应当自收到核准文件之日起 6 个月内进行基金份额的发售份额，募集期限不得超过 3 个月。

14. 基金募集期限届满，达到（　　）条件，基金管理人应当自期限届满之日起 10 日内，聘请法定验资机构验资，向中国证监会提交验资报告，办理基金备案手续。

A. 基金募集份额总额不少于 2 亿份，基金募集金额不少于 2 亿元人民币，基金份额持有人人数不多于 200 人

B. 基金募集份额总额不少于 2 亿份，基金募集金额不少于 2 亿元人民币，基金份额持有人人数不少于 200 人

C. 基金募集份额总额不少于 1 亿份，基金募集金额不少于 1 亿元人民币，基金份额持有人人数不多于 200 人

D. 基金募集份额总额不少于 1 亿份，基金募集金额不少于 1 亿元人民币，基金份额持有人人数不少于 200 人

【答案】B

【解析】基金募集期限届满，备案的条件是基金募集份额总额不少于 2 亿份，基金募集金额不少于 2 亿元人民币，基金份额持有人人数不少于 200 人。

15. 小张拟认购开放式基金，在开立基金账户和资金账户后于 20×8 年 6 月 11 日提交了认购申请表，那么，自（　　）起小张可到办理认购的网点查询认购申请的受理情况。

A. 20×8 年 6 月 16 日　　B. 20×8 年 6 月 14 日

C. 20×8 年 6 月 15 日　　　　D. 20×8 年 6 月 13 日

【答案】D

【解析】客户在提交认购申请表起 T+2 日可以查询认购受理情况。

16. 某投资者投资 10 万元认购某 1 元/份的基金，对应认购费率为 1.2%，在募集期间产生利息 50 元，则其可得到的认购份额为（　　）份。

A. 100000　　　　B. 98850

C. 98864.23　　　　D. 98863.64

【答案】C

【解析】根据公式：净认购金额 = 认购金额/1 + 认购费率。

认购费用 = 100000 × 1.2%/（1 + 1.2%）= 1185.77（元）。净认购金额 = 100000 − 1185.77 = 98814.23（元）。认购份额 =（98814.23 + 50）/1 = 98864.23（份）。

17. 对（　　）而言，基金份额价格固定为 1 元人民币，故而按照固定价格申购赎回。

A. 股票基金　　　　B. 混合基金

C. 货币基金　　　　D. 债券基金

【答案】C

【解析】货币基金份额价格固定为 1 元人民币。

18. 对于开放式基金而言，基金的申购赎回需要遵循以下（　　）原则。

A. 份额申购，份额赎回　　　　B. 份额申购，金额赎回

C. 金额申购，金额赎回　　　　D. 金额申购，份额赎回

【答案】D

【解析】开放式基金申购赎回遵循“金额申购、份额赎回”原则。

19. 基金管理人可以对选择后端收费方式的投资人根据其持有期限适用不同的后端申购费率标准。对于持有期低于（　　）的投资人，基金管理人不得免收其后端申购费用。

A. 1 年　　　　B. 2 年

C. 3 年　　　　D. 5 年

【答案】C

【解析】对于持有期低于 3 年的投资人，基金管理人不得免收其后端申购费用。

20. 基金管理人可以从开放式基金财产中计提一定比例的（　　），用于基金的持续销售和给基金份额持有人提供服务。

A. 申购费　　　　B. 销售服务费

C. 赎回费　　　　D. 基金托管费

【答案】B

【解析】基金管理人可以从开放式基金财产中计提一定比例的销售服务费，用于基金的持续销售和给基金份额持有人提供服务。

21. 以下关于开放式基金的描述中，正确的是(　　)。

A. 开放式基金的非交易过户只适用于合格的个人投资者，机构投资者不能进行非交易过户

B. 由于需要收取一定转换费用，开放式基金份额转换的综合费用较高

C. 开放式基金的非交易过户，是从投资者的一个基金账户转移到其名下的另一个基金账户

D. 基金持有人可以办理其基金份额在不同销售机构的转托管手续

【答案】D

【解析】开放式基金的非交易过户是指不采用申购、赎回等交易方式，将一定数量的基金份额按照一定规则从某一投资者基金账户转移到另一投资者的基金账户的行为。接受划转的主体必须是合格的个人投资者或机构投资者。选项 A、选项 C 错误。由于基金份额的转换，不需要先赎回已持有的基金份额，再购买另一只基金，因此综合费用较低。选项 B 错误。

22. 封闭式基金的报价单位为每份基金价格，基金的申报价格最小变动单位为（　　）元人民币，申报数量应当为（　　）份或其整数倍。

A. 0. 01；100　　　　B. 0. 001；100

C. 0. 01；1000　　　　D. 0. 01；10

【答案】B

【解析】封闭式基金申报价格最小变动单位为 0.001 元人民币，申报数量应当为 100 份或其整数倍。

23. 基金资产总值是指基金全部资产的价值总和。现已知甲公司的基金资产总值为 450 万元，基金负债为 300 万元，基金的全部份额为 300 份。则甲公司的基金资产份额净值为（　　）万元。

A. 1.5　　　　B. 1

C. 0.5　　　　D. 无法计算

【答案】C

【解析】基金份额净值 = 基金资产净值 ÷ 基金份额 = （450 − 300） ÷ 300 = 0.5（万元）。

24. 下列关于基金费用计提标准及计提方式的表述中，正确的是(　　)。

A. 通常基金的规模越大，基金托管费越低

B. 基金管理费率通常与基金规模成正比，与风险成反比

C. 基金的规模越大，管理费率越高

D. 通常基金的规模越大，基金托管费越高

【答案】A

【解析】基金管理费率通常与基金规模成反比与风险成正比，基金的规模越大，管理费率越低；基金的规模越大，基金托管费越低。

25. 对基金取得的从公开发行和转让的上市公司股票取得的股息红利，持股期限超过（　　）的，股息红利所得暂免征收个人所得税。

A. 1 个月以内　　　　B. 1 个月以上至半年

C. 1 年以上　　　　D. 1 个月以上至 1 年以内

【答案】C

【解析】基金持股超过一年所得的股息红利免征个人所得税。

26. 按照现行的税收政策，下列说法中不正确的是(　　)。

A. 机构投资者和个人投资者买卖基金份额均暂时免征印花税

B. 机构投资者和个人投资者买卖基金份额获得的差价收入，分别暂时

免征企业所得税和个人所得税

C. 机构投资者和个人投资者从基金分配中获得的收入，分别暂时免征企业所得税和个人所得税

D. 个人投资者买卖基金份额免征增值税

【答案】 B

【解析】 机构投资者在境内买卖基金份额获得的差价收入，应并入企业的应纳税所得额征收企业所得税。

27. 对基金投资风险进行有效管理是基金投资管理中的重要内容。在基金管理人的投资管理活动中，资金投资面临着（　　）与(　　)。

A. 市场风险；合规风险　　B. 外部风险；内部风险

C. 系统风险；非系统风险　　D. 市场风险；政策风险

【答案】 B

【解析】 基金投资活动面临着外部风险与内部风险，外部风险可划分为系统性风险与非系统性风险；内部风险包括基金管理人的合规风险、操作风险和职业道德风险。

28. 以资本资产定价模型为基础的评价基金业绩的绝对指标是指(　　)。

A. 詹森指数　　B. 夏普指数

C. 特雷诺指数　　D. 标准普尔指数

【答案】 A

【解析】 詹森指数是以资本资产定价模型为基础的评价基金业绩的绝对指标。

29. 下列不属于基金信息披露禁止行为的有(　　)。

A. 基金信息披露义务人应当确保应予披露的基金信息在中国证监会规定时间内披露

B. 虚假记载、误导性陈述或者重大遗漏

C. 诋毁其他基金管理人、基金托管人或者基金销售机构

D. 对证券投资业绩进行预测

【答案】 A

【解析】只有选项 A 属于应有的行为。

30. 下列选项中不属于基金运作信息披露文件的是(　　)。

A. 基金上市交易公告书

B. 基金资产净值和份额净值公告

C. 基金定期报告

D. 基金份额发售公告

【答案】D

【解析】基金运作信息披露文件包括基金上市交易公告书、基金净值公告及基金定期公告。基金份额发售公告属于基金募集信息披露。

31. 私募基金合格投资者要求累计不得超过（　　）人，且投资于单只私募基金金额不低于（　　）万元人民币。

A. 200；50　　B. 200；100

C. 100；100　　D. 100；200

【答案】B

【解析】私募基金合格投资者要求累计不得超过 200 人，且投资于单只私募基金的金额不低于 100 万元人民币。

32. 私募基金募集，基金合同应当约定给投资者设置不少于（　　）的投资冷静期。

A. 24 小时　　B. 48 小时

C. 72 小时　　D. 一周

【答案】A

【解析】私募基金投资冷静期为 24 小时，从投资者缴纳认购基金的款项后起算。募集机构在投资冷静期内不得主动联系投资者。

二、组合型单项选择题

1. 证券投资基金是一种（　　）集合投资方式。

Ⅰ. 利益共享　Ⅱ. 业余理财　Ⅲ. 风险自担　Ⅳ. 风险共担

A. Ⅰ、Ⅱ　　B. Ⅰ、Ⅳ

C. Ⅱ、Ⅳ　　D. Ⅰ、Ⅱ、Ⅳ

【答案】B

【解析】证券投资基金是由投资人共享投资收益、共担投资风险的一种集合投资方式。

2. 证券投资基金的特点有(　　)。

Ⅰ. 集合理财、专业管理　　Ⅱ. 组合投资、分散风险

Ⅲ. 利益共享、风险共担　　Ⅳ. 严格监管、信息透明

A. Ⅰ、Ⅱ、Ⅲ　　B. Ⅰ、Ⅲ、Ⅳ

C. Ⅱ、Ⅲ、Ⅳ　　D. Ⅰ、Ⅱ、Ⅲ、Ⅳ

【答案】D

【解析】选项全部正确。此外还包括独立托管，保障安全。

3. 证券投资基金是一种集合投资方式，它与股票、债券的区别在于(　　)。

Ⅰ. 反映的经济关系不同　　Ⅱ. 筹集资金的投向不同

Ⅲ. 收益风险水平不同　　Ⅳ. 发行方式不同

A. Ⅰ、Ⅱ、Ⅲ　　B. Ⅰ、Ⅱ、Ⅳ

C. Ⅱ、Ⅲ、Ⅳ　　D. Ⅰ、Ⅲ、Ⅳ

【答案】A

【解析】证券投资基金与股票债券的区别包括反映的经济关系不同、筹集资金的投向不同、收益风险水平不同。

4. 将公司型基金和契约型基金进行对比，下列（　　）属于公司型基金和契约型基金的区别。

Ⅰ. 期限不同　　Ⅱ. 基金的组织方式不同

Ⅲ. 投资者的地位不同　　Ⅳ. 基金的营运依据不同

A. Ⅰ、Ⅱ、Ⅲ　　B. Ⅰ、Ⅱ、Ⅳ

C. Ⅱ、Ⅲ、Ⅳ　　D. Ⅰ、Ⅲ、Ⅳ

【答案】C

【解析】契约型基金和公司型基金的区别主要在于法律主体资格、投资者地位、基金组织方式和营运依据不同。

5. 根据运作方式的不同，可以将基金分为(　　)。

Ⅰ. 封闭式基金　　Ⅱ. 开放式基金

Ⅲ. 契约型基金　　Ⅳ. 公司型基金

A. Ⅰ、Ⅱ　　B. Ⅰ、Ⅳ

C. Ⅲ、Ⅳ　　D. Ⅱ、Ⅲ

【答案】 A

【解析】 根据运作方式的不同，可以将基金分为封闭式基金和开放式基金。

6. 公募基金的特点有(　　)。

Ⅰ. 募集对象不固定　　Ⅱ. 投资金额要求较高

Ⅲ. 适合中小投资者　　Ⅳ. 投资者资格和人数受监管机构的限制

A. Ⅰ、Ⅲ　　B. Ⅰ、Ⅱ、Ⅳ

C. Ⅱ、Ⅲ、Ⅳ　　D. Ⅰ、Ⅱ、Ⅲ、Ⅳ

【答案】 A

【解析】 公募基金可以面向社会公众公开发售基金份额，投资金额要求较低，适宜中小投资者。所以Ⅱ项、Ⅳ项错误。

7. 关于 ETF 与封闭式基金，以下说法正确的是(　　)。

Ⅰ. ETF 不可以在交易所上市交易

Ⅱ. ETF 基金份额不固定

Ⅲ. 封闭式基金有固定的存续期

Ⅳ. 封闭式基金交易价格与单位资产净值趋同

A. Ⅰ、Ⅱ、Ⅲ　　B. Ⅰ、Ⅱ、Ⅳ

C. Ⅱ、Ⅲ　　D. Ⅰ、Ⅳ

【答案】 C

【解析】 Ⅰ项 ETF 可以在交易所上市交易；Ⅳ项封闭式基金交易价格经常出现折价或溢价（通常折价），并不必然反映资产净值。

8. ETF 和 LOF 申购、赎回的场所不同，LOF 的申购赎回通过（　　）进行。

Ⅰ. 交易所　　Ⅱ. 证券登记结算机构　　Ⅲ. 互联网　　Ⅳ. 代销网点

A. Ⅱ、Ⅲ　　B. Ⅰ、Ⅱ、Ⅳ
C. Ⅲ、Ⅳ　　D. Ⅰ、Ⅳ

【答案】D

【解析】LOF 的申购、赎回既可以在代销网点进行，也可以在交易所进行。

9. 国务院颁布《证券投资基金管理暂行办法》后，最先设立的两只基金是(　　)。

Ⅰ. 基金兴华　Ⅱ. 基金金泰　Ⅲ. 基金安信　Ⅳ. 基金开元

A. Ⅰ、Ⅲ　　B. Ⅱ、Ⅳ
C. Ⅲ、Ⅳ　　D. Ⅰ、Ⅳ

【答案】B

【解析】1998 年 3 月 27 日经中国证监会批准，基金开元和基金金泰设立，拉开了中国证券投资基金试点的序幕。

10. 基金的主要当事人有(　　)。

Ⅰ. 基金持有人　Ⅱ. 基金销售机构
Ⅲ. 基金管理人　Ⅳ. 基金托管人

A. Ⅰ、Ⅱ、Ⅲ　　B. Ⅰ、Ⅱ、Ⅳ
C. Ⅱ、Ⅲ、Ⅳ　　D. Ⅰ、Ⅲ、Ⅳ

【答案】D

【解析】份额持有人、基金管理人和基金托管人是基金合同的当事人，不包括基金销售机构。

11. 从基金管理人的角度看，基金的运作包括(　　)。

Ⅰ. 基金的市场营销　Ⅱ. 基金的资产保管
Ⅲ. 基金的投资管理　Ⅳ. 基金的后台管理

A. Ⅰ、Ⅲ、Ⅳ　　B. Ⅰ、Ⅱ、Ⅲ、Ⅳ
C. Ⅱ、Ⅲ　　D. Ⅰ、Ⅱ、Ⅳ

【答案】A

【解析】从基金管理人的角度看，基金运作可分为基金的市场营销、投资管理与后台管理三大部分。Ⅱ项基金的资产保管属于基金托管人的职责。

12. 以下关于证券投资基金运作关系的说法中，正确的有(　　)。

Ⅰ. 基金投资者、基金管理人与基金托管人是基金的当事人

Ⅱ. 基金市场的各类中介机构通过自己的专业服务参与基金市场

Ⅲ. 监管机构对基金市场上的各种参与主体实施全面监管

Ⅳ. 基金托管人最主要的职责就是按照基金合同的约定，负责基金资产的投资运作，在风险控制的基础上为基金投资者争取最大的投资收益

A. Ⅰ、Ⅱ、Ⅲ　　B. Ⅰ、Ⅱ、Ⅳ

C. Ⅰ、Ⅲ、Ⅳ　　D. Ⅰ、Ⅱ、Ⅲ、Ⅳ

【答案】 A

【解析】 Ⅳ项表述的是基金管理人的职责。

13. 根据《中华人民共和国证券投资基金法》的规定，基金份额持有人享有的权利包括(　　)。

Ⅰ. 分享基金财产收益

Ⅱ. 参与分配清算后的剩余基金财产

Ⅲ. 按照规定要求召开基金份额持有人大会

Ⅳ. 依法转让或者申请赎回其持有的基金份额

A. Ⅰ、Ⅳ　　B. Ⅱ、Ⅳ

C. Ⅱ、Ⅲ、Ⅳ　　D. Ⅰ、Ⅱ、Ⅲ、Ⅳ

【答案】 D

【解析】 选项全部正确。

14. 在我国基金托管人可以由取得基金托管资格的（　　）承担。

Ⅰ. 商业银行　Ⅱ. 其他金融机构　Ⅲ. 财务公司　Ⅳ. 政策性银行

A. Ⅰ、Ⅱ　　B. Ⅰ、Ⅱ、Ⅳ

C. Ⅱ、Ⅲ、Ⅳ　　D. Ⅰ、Ⅳ

【答案】 A

【解析】 基金托管人只能由依法设立并取得基金托管资格的商业银行或其他金融机构承担，政策性银行不涉及基金托管业务。

15. 基金募集一般要经过一定的步骤，其中主要包括（　　）。

Ⅰ. 注册　　Ⅱ. 申请　　Ⅲ. 基金合同生效　　Ⅳ. 发售

A. Ⅰ、Ⅱ、Ⅲ　　B. Ⅱ、Ⅳ

C. Ⅰ、Ⅲ、Ⅳ　　D. Ⅰ、Ⅱ、Ⅲ、Ⅳ

【答案】D

【解析】基金的募集一般要经过申请、注册、发售、基金合同生效四个步骤。

16. 基金募集申请需要提交的主要文件包括(　　)。

Ⅰ. 申请募集基金的申请报告

Ⅱ. 基金合同草案

Ⅲ. 招募说明书

Ⅳ. 法律意见书

A. Ⅰ、Ⅱ、Ⅲ　　B. Ⅰ、Ⅱ、Ⅳ

C. Ⅱ、Ⅲ、Ⅳ　　D. Ⅰ、Ⅱ、Ⅲ、Ⅳ

【答案】B

【解析】基金募集申请所需要的文件中应该是招募说明书草案。

17. 关于开放式基金认购，以下表述正确的有(　　)。

Ⅰ. 正式受理的认购申请不得撤销

Ⅱ. T 日提交的认购申请，T+2 日才能查询受理情况

Ⅲ. 认购的结果要等到基金募集结束后才能确认

Ⅳ. 认购通常采用份额认购的方式

A. Ⅰ、Ⅱ、Ⅲ　　B. Ⅰ、Ⅱ、Ⅳ

C. Ⅱ、Ⅲ、Ⅳ　　D. Ⅰ、Ⅲ、Ⅳ

【答案】A

【解析】Ⅳ项开放式基金认购采取金额认购的方式。

18. 关于基金认购费，以下表述正确的是(　　)。

Ⅰ. 后端收费模式的认购费率随投资时间延长而递减

Ⅱ. 认购金额产生的利息需收取认购费

Ⅲ. 后端收费模式在认购时不收取认购费

Ⅳ. 不同的认购金额可以设置不同的认购费率

A. Ⅰ、Ⅱ、Ⅲ　　B. Ⅰ、Ⅲ、Ⅳ

C. Ⅱ、Ⅲ、Ⅳ　　D. Ⅰ、Ⅱ、Ⅲ、Ⅳ

【答案】B

【解析】Ⅱ项认购金额产生的利息，不收取认购费。

19. 关于开放式基金份额的转换，以下表述正确的是(　　)。

Ⅰ. 投资者可以将其持有的基金份额转换为另一基金管理人的另一基金份额

Ⅱ. 基金份额转换不需要先赎回已持有的基金份额

Ⅲ. 基金份额转换费用由基金份额持有人承担

Ⅳ. 基金份额转换的效率通常高于先赎回再申购基金份额

A. Ⅰ、Ⅱ、Ⅲ　　B. Ⅰ、Ⅱ、Ⅳ

C. Ⅱ、Ⅲ、Ⅳ　　D. Ⅰ、Ⅱ、Ⅲ、Ⅳ

【答案】C

【解析】开放式基金份额的转换，是指投资者不需要先赎回已持有的基金份额，就可以将其持有的基金份额转换为同一基金管理人管理的另一基金份额的一种业务模式。

20. 开放式基金非交易过户是指不采用申购、赎回等交易方式，将一定数量的基金份额按照一定规则从某一投资者基金账户转移到另一投资者基金账户的行为，主要包括(　　)。

Ⅰ. 继承　　Ⅱ. 司法强制执行

Ⅲ. 捐赠　　Ⅳ. 经注册登记机构认可的其他情况

A. Ⅰ、Ⅱ、Ⅲ　　B. Ⅰ、Ⅱ、Ⅳ

C. Ⅰ、Ⅲ、Ⅳ　　D. Ⅰ、Ⅱ、Ⅲ、Ⅳ

【答案】D

【解析】选项全部正确。

21. 关于基金估值，下列说法正确的有(　　)。

Ⅰ. 封闭式基金每周披露一次基金份额净值

Ⅱ. 开放式基金每个交易日进行估值

Ⅲ. 封闭式基金每周进行一次估值

Ⅳ. 开放式基金于次日公告基金份额净值

A. Ⅰ、Ⅱ、Ⅲ　　B. Ⅰ、Ⅱ、Ⅳ

C. Ⅱ、Ⅲ、Ⅳ　　D. Ⅰ、Ⅱ、Ⅲ、Ⅳ

【答案】B

【解析】封闭式基金每个交易日进行估值，每周披露一次基金份额净值。

22. 对不存在活跃市场的投资品种进行基金资产估值，说法正确的是(　　)。

Ⅰ. 应采用市场参与者普遍认同的估值技术确定公允价值

Ⅱ. 估值日无市价的，但最近交易日后经济环境未发生重大变化，应采用最近交易市价确定公允价值

Ⅲ. 如估值日有市价的，应采用市价确定公允价值

Ⅳ. 应采用被以往市场实际交易价格验证具有可靠性的估值技术确定公允价值

A. Ⅰ、Ⅱ、Ⅲ　　B. Ⅰ、Ⅳ

C. Ⅲ、Ⅳ　　D. Ⅰ、Ⅲ、Ⅳ

【答案】B

【解析】对不存在活跃市场的投资品种进行基金资产估值时，应采用市场参与者普遍认同，且被以往市场实际交易价格验证，具有可靠性的估值技术确定公允价值。

23. 根据有关规定，下列与基金有关的费用可以从基金财产中列支的是(　　)。

Ⅰ. 基金管理人的管理费　　Ⅱ. 基金托管人的托管费

Ⅲ. 基金的转换费　　Ⅳ. 基金的销售服务费

A. Ⅰ、Ⅱ、Ⅲ　　B. Ⅰ、Ⅱ、Ⅳ

C. Ⅰ、Ⅲ、Ⅳ　　D. Ⅰ、Ⅱ、Ⅲ、Ⅳ

【答案】B

【解析】Ⅲ项基金转换费由基金投资者承担。

24. 证券投资基金所支付的费用包括(　　)。

Ⅰ. 基金交易费　　Ⅱ. 基金运作费

Ⅲ. 基金托管费　　Ⅳ. 基金销售服务费

A. Ⅰ、Ⅱ、Ⅲ　　B. Ⅰ、Ⅱ、Ⅳ

C. Ⅱ、Ⅲ　　D. Ⅰ、Ⅱ、Ⅲ、Ⅳ

【答案】D

【解析】选项全部正确。此外还包括基金管理费。

25. 基金收入主要包括(　　)。

Ⅰ. 利息收入　　Ⅱ. 投资收益

Ⅲ. 变现收入　　Ⅳ. 公允价值变动损益

A. Ⅰ、Ⅱ　　B. Ⅰ、Ⅱ、Ⅳ

C. Ⅱ、Ⅲ　　D. Ⅰ、Ⅱ、Ⅲ、Ⅳ

【答案】A

【解析】基金收入主要包括利息收入、投资收益以及其他收入。

26. 下列属于《证券投资基金运作管理办法》对证券投资基金利润分配要求的是(　　)。

Ⅰ. 封闭式基金的收益分配每年不得少于两次

Ⅱ. 开放式基金的基金合同应当约定每年基金利润分配的最少次数和基金利润分配的最低比例

Ⅲ. 按照规定，封闭式基金利润分配应当采用现金方式

Ⅳ. 开放式基金的基金份额持有人可以事先选择将所获分配的现金利润按照基金合同有关基金份额申购的约定转为基金份额

A. Ⅰ、Ⅱ、Ⅲ　　B. Ⅰ、Ⅱ、Ⅳ

C. Ⅲ、Ⅳ　　D. Ⅰ、Ⅱ

【答案】C

【解析】Ⅰ项封闭式基金的收益分配每年不得少于一次；Ⅱ项开放式基金的基金合同应当约定每年基金收益分配的最多次数和基金收益分配的最低比例。

27. 对于基金收益分配的分红再投资方式，以下说法中正确的有（　　）。

Ⅰ. 封闭式基金不能采用分红再投资方式分配收益

Ⅱ. 若基金份额持有人事先没有作出选择的，默认采用分红再投资方式分配收益

Ⅲ. 基金收益转换为基金份额的基金份额净值确定日为权益除息日

Ⅳ. 分红再投资是指将应分配的净利润按一定比例折算为新的基金份额分配给投资者

A. Ⅰ、Ⅱ、Ⅲ　　B. Ⅰ、Ⅲ、Ⅳ

C. Ⅱ、Ⅲ、Ⅳ　　D. Ⅰ、Ⅱ、Ⅲ、Ⅳ

【答案】B

【解析】Ⅱ项若基金份额持有人事先没有作出选择的，默认采用现金分红方式。

28. 货币市场基金利润分配的规定有(　　)。

Ⅰ. 每周一至周四进行分配时，仅对当日利润进行分配

Ⅱ. 货币市场基金每周五进行利润分配时，不包括周六和周日的利润

Ⅲ. 当日申购的基金份额自下一个工作日起享有基金的分配权益

Ⅳ. 当日赎回的基金份额自下一个工作日起不享有基金的分配权益

A. Ⅰ、Ⅱ、Ⅲ　　B. Ⅰ、Ⅱ、Ⅳ

C. Ⅲ、Ⅳ　　D. Ⅰ、Ⅲ、Ⅳ

【答案】D

【解析】Ⅱ项货币市场基金每周五进行利润分配时，将同时分配周六和周日的利润。

29. 一般而言，基金投资管理的流程包含以下（　　）环节。

Ⅰ. 研究部门提供研究报告

Ⅱ. 投资决策委员会决定基金总体投资计划

Ⅲ. 基金经理制订投资组合具体方案

Ⅳ. 交易部门依据基金经理的投资指令执行交易

A. Ⅰ、Ⅱ、Ⅲ　　B. Ⅰ、Ⅱ、Ⅳ

C. Ⅰ、Ⅲ、Ⅳ　　D. Ⅰ、Ⅱ、Ⅲ、Ⅳ

【答案】D

【解析】选项全部正确。

30. 基金业绩评价需要考虑的因素包括(　　)。

Ⅰ. 投资目标与范围　Ⅱ. 时期选择　Ⅲ. 基金风险水平　Ⅳ. 基金规模

A. Ⅰ、Ⅱ、Ⅲ　　B. Ⅰ、Ⅱ、Ⅳ

C. Ⅱ、Ⅲ、Ⅳ　　D. Ⅰ、Ⅱ、Ⅲ、Ⅳ

【答案】D

【解析】选项全部正确。

31. 系统的基金业绩评估需要从以下（　　）方面入手。

Ⅰ. 计算绝对收益　　Ⅱ. 计算风险调整后收益

Ⅲ. 计算相对收益　　Ⅳ. 进行业绩归因

A. Ⅰ、Ⅱ、Ⅲ　　B. Ⅰ、Ⅱ、Ⅳ

C. Ⅱ、Ⅲ、Ⅳ　　D. Ⅰ、Ⅱ、Ⅲ、Ⅳ

【答案】D

【解析】系统的基金业绩评估需要从四个方面入手：计算绝对收益、计算风险调整后收益、计算相对收益和进行业绩归因。

32. 下列属于最著名的基金业绩评价指标的有(　　)。

Ⅰ. 特雷诺指数　　Ⅱ. 夏普指数　　Ⅲ. 詹森指数　　Ⅳ. 置信水平

A. Ⅰ、Ⅱ、Ⅲ　　B. Ⅰ、Ⅱ、Ⅳ

C. Ⅱ、Ⅲ、Ⅳ　　D. Ⅰ、Ⅱ、Ⅲ、Ⅳ

【答案】A

【解析】基金业绩评价指标中最著名的是特雷诺指数、夏普指数和詹森指数。

33. 中国证监会对基金市场的监管主要职责包括(　　)。

Ⅰ. 制定有关证券投资基金活动监督管理的规章规则，并行使审批、核准或者注册权

Ⅱ. 办理基金备案

Ⅲ. 对基金管理人，基金托管人及其他从事证券投资基金活动的机构进行监督管理，对违法行为进行查处

Ⅳ. 制定基金从业人员的资格标准和行为准则，并监督实施

A. Ⅰ、Ⅱ、Ⅲ　　B. Ⅰ、Ⅱ、Ⅳ

C. Ⅱ、Ⅲ、Ⅳ　　D. Ⅰ、Ⅱ、Ⅲ、Ⅳ

【答案】D

【解析】选项全部正确。

34. 中国证监会对基金市场监管的主要措施包括(　　)。

Ⅰ. 行政处罚　　Ⅱ. 限制交易　　Ⅲ. 调查取证　　Ⅳ. 刑事处罚

A. Ⅰ、Ⅱ、Ⅲ　　B. Ⅰ、Ⅱ、Ⅳ

C. Ⅱ、Ⅲ、Ⅳ　　D. Ⅰ、Ⅱ、Ⅲ、Ⅳ

【答案】 A

【解析】 中国证监会有权采取下列监管措施：检查、调查取证、限制交易、行政处罚。

35.《证券投资基金法》对基金投资或者活动作出了限制性规定，包括(　　)。

Ⅰ. 向他人贷款或者提供担保

Ⅱ. 从事承担无限责任的投资

Ⅲ. 向其基金管理人、基金托管人出资或者买卖其基金管理人、基金托管人发行的股票或者债券

Ⅳ. 承销证券

A. Ⅰ、Ⅱ、Ⅲ　　B. Ⅰ、Ⅱ、Ⅳ

C. Ⅱ、Ⅲ、Ⅳ　　D. Ⅰ、Ⅱ、Ⅲ、Ⅳ

【答案】 D

【解析】 选项全部正确。

36. 基金管理人运用基金财产进行证券投资，不得有（　　）的情形。

Ⅰ. 违反基金合同关于投资范围、投资策略和投资比例等约定

Ⅱ. 一只基金持有一家上市公司的股票，其市值超过基金资产净值的 10%

Ⅲ. 同一基金管理人管理的全部基金持有一家公司发行的证券，其市值超过该证券的 20%

Ⅳ. 基金中基金持有其他单只基金，其市值超过基金资产净值的 20%

A. Ⅰ、Ⅱ　　B. Ⅰ、Ⅱ、Ⅳ

C. Ⅱ、Ⅲ、Ⅳ　　D. Ⅰ、Ⅱ、Ⅲ、Ⅳ

【答案】 B

【解析】 Ⅲ项同一基金管理人管理的全部基金持有一家公司发行的证券，其市值超过该证券的 10%。

37. 在基金季度报告的投资组合报告中，需要披露的有(　　)。

Ⅰ. 基金资产组合

Ⅱ. 按行业分类的股票投资组合

Ⅲ. 按券种分类的债券投资组合

Ⅳ. 前 10 名股票明细和前 10 名债券明细

A. Ⅰ、Ⅱ、Ⅲ　　B. Ⅰ、Ⅱ、Ⅳ

C. Ⅱ、Ⅲ、Ⅳ　　D. Ⅰ、Ⅱ、Ⅲ、Ⅳ

【答案】 A

【解析】 Ⅳ项应为前 10 名股票明细，前 5 名债券明细。

38. 下列达到基金临时信息披露要求的有(　　)。

Ⅰ. 基金管理人变更持有 5% 以上股权的股东，变更公司的实际控制人

Ⅱ. 基金管理人的董事在最近 12 个月内变更超过 50%

Ⅲ. 基金管理人，基金托管人专门基金托管部门的主要业务人员在最近 12 个月内变动超过 30%

Ⅳ. 基金份额净值计价错误达基金份额净值的 0. 5%

A. Ⅰ、Ⅱ、Ⅲ　　B. Ⅰ、Ⅱ、Ⅳ

C. Ⅱ、Ⅲ、Ⅳ　　D. Ⅰ、Ⅱ、Ⅲ、Ⅳ

【答案】 D

【解析】 选项全部正确。

39. 下列符合非公开募集证券投资基金合格投资者条件的有(　　)。

Ⅰ. 净资产不低于 1000 万元的单位

Ⅱ. 金融资产不低于 300 万元的个人

Ⅲ. 最近三年个人年均收入不低于 50 万元的个人

Ⅳ. 投资于所管理私募基金的私募基金管理人及其从业人员

A. Ⅰ、Ⅱ、Ⅲ　　B. Ⅰ、Ⅱ、Ⅳ

C. Ⅱ、Ⅲ、Ⅳ　　D. Ⅰ、Ⅱ、Ⅲ、Ⅳ

【答案】 D

【解析】 选项全部正确。

第七章　金融衍生工具

一、单项选择题

1. 金融衍生工具是指(　　)。

A. 建立在基础产品或基础变量之上，但其价格不随基础金融产品的价格（或数值）变动的派生金融产品

B. 建立在金融衍生产品之上，其价格取决于基础金融产品的价格（或数值）变动的派生金融产品

C. 基础金融产品本身

D. 建立在基础产品或基础变量之上，其价格取决于基础金融产品的价格（或数值）变动的派生金融产品

【答案】 D

【解析】 金融衍生工具又被称为金融衍生产品，是指建立在基础产品或基础变量之上，其价格取决于基础金融产品的价格（或数值）变动的派生金融产品。

2. 下列不属于独立衍生工具的是(　　)。

A. 互换和期权　　B. 期货合同

C. 可转换公司债券　　D. 远期合同

【答案】 C

【解析】 可转换公司债券是典型的嵌入式衍生工具。

3. (　　) 使混合工具的部分或全部现金流量随特定利率、汇率、价格或费率指数、信用指数或其他类似变量的变动而变动的衍生工具。

A. 交易所交易的衍生工具

B. 场外交易市场（OTC）交易的衍生工具

C. 嵌入式衍生工具

D. 独立衍生工具

【答案】C

【解析】题干是嵌入式衍生工具的概念。

4. 投资者进行金融衍生工具交易时，要想获得交易的成功，必须对利率、汇率、股价等因素的未来趋势作出判断，这是由衍生工具的（　　）所决定的。

A. 跨期性　　　　B. 杠杆性

C. 风险性　　　　D. 投机性

【答案】A

【解析】金融衍生工具是交易双方通过对利率、汇率等因素变动趋势的预期，约定在未来某一时间按照一定条件进行交易或选择是否交易的合约，这体现了衍生工具的跨期性。

5. 金融衍生工具分为独立衍生工具和嵌入式衍生工具，其分类的标准为(　　)。

A. 基础工具种类　　　　B. 自身交易方式

C. 产品形态　　　　D. 交易场所

【答案】C

【解析】金融衍生工具按照产品形态分为独立衍生工具和嵌入式衍生工具。

6. 1973 年，全球第一家期权交易所（　　）成立。

A. 纽约期权交易所　　　　B. 芝加哥商业交易所

C. 芝加哥期权交易所　　　　D. 加拿大期货交易所

【答案】C

【解析】1973 年芝加哥期权交易所成立，这是全球第一家期权交易所。

7. 下列关于金融衍生工具的发展动因，说法错误的是(　　)。

A. 金融衍生工具产生的最基本原因是投机

B. 20 世纪 80 年代以来的金融自由化进一步推动了金融衍生工具的发展

C. 金融机构的利润驱动

D. 新技术革命为金融衍生工具的产生与发展提供了物质基础与手段

【答案】A

【解析】金融衍生工具产生的最基本原因是避险。

8. 下列关于金融衍生工具发展现状，说法不正确的是(　　)。

A. 金融衍生工具以场内交易为主

B. 按基础产品比较，利率衍生品无论在场内还是场外，均是名义金额最大的衍生品种类

C. 按产品形态比较，远期和互换这两类具有对称性收益的衍生产品的名义金额比收益不对称的期权类产品大得多

D. 近年来，由于场外利率类衍生品名义金额下降较多，场外衍生品整体呈下降趋势，而场内衍生品却大幅增长

【答案】A

【解析】金融衍生工具以场外交易为主。

9. 2015 年 2 月 9 日，上证 50ETF 期权在（　　）上市交易。

A. 上海期货交易所　　B. 上海证券交易所

C. 中国金融期货交易所　　D. 深圳证券交易所

【答案】B

【解析】上证 50ETF 在上海证券交易所上市交易。

10. （　　）是指为报价系统参与人提供私募产品报价、发行、转让及相关服务的专业化电了平台。

A. 机构间私募产品报价与服务系统

B. 机构间公募产品报价与服务系统

C. 全国中小企业股份转让系统

D. 区域性股权交易市场

【答案】A

【解析】机构间私募产品报价与服务系统是指为报价系统参与人（机构投资者）提供私募产品报价、发行、转让及相关服务的专业化电子平台。

11. 交易所建立限仓制度后，当会员或客户的持仓量达到交易所规定的

数量时，必须向交易所申报有关开户、交易、资金来源、交易动机等情况，以便交易所审查大户是否有过度投机和操纵市场行为，并判断大户交易风险状况的风险控制制度被称为(　　)。

A. 逐日盯市制度　　B. 大户报告制度

C. 断路器制度　　D. 强行平仓制度

【答案】B

【解析】题干是大户报告制度。

12. 外汇期货又称（　　），是金融期货中最先产生的品种。

A. 利率期货　　B. 货币期货

C. 欧洲期货　　D. 欧元期货

【答案】B

【解析】外汇期货又称货币期货，是以外汇为基础工具的期货合约。

13. 国债期货属于(　　)。

A. 商品期货　　B. 股权类期货

C. 利率期货　　D. 外汇期货

【答案】C

【解析】以国债期货为主的债券期货是各主要交易所最重要的利率期货品种。

14. 2006 年 9 月 8 日，中国金融期货交易所在（　　）宣告成立。

A. 北京　　B. 广州

C. 上海　　D. 深圳

【答案】C

【解析】2006 年 9 月 8 日，中国金融期货交易所在上海宣告成立。

15. 沪深 300 指数期货交易当日结算价是指某一期货合约最后（　　）成交价按照成交量的加权平均价。

A. 10 分钟　　B. 1 小时

C. 5 分钟　　D. 1 分钟

【答案】B

【解析】沪深 300 指数期货当日结算价是指某一期货合约最后一小时成交价格按照成交量的加权平均价。

16. 股指期货竞价交易中采用最大成交量原则确定成交价格的制度是(　　)。

A. 拍卖竞价　　　　B. 连续竞价

C. 集合竞价　　　　D. 委托竞价

【答案】C

【解析】集合竞价交易采用最大成交量原则确定成交价。

17. 按照《中国金融期货交易所交易规则》及相关细则，股指期货合约的每日最大波动限制为（　　）。

A. 上一交易日最高价的 ±10%

B. 上一交易日结算价格的 ±10%

C. 上一交易日结算价的 ±2%

D. 上一交易日结算价格的 ±1.2%

【答案】B

【解析】股指期货合约的每日最大波动限制为上一交易日结算价的 ±10%。5 年期国债期货合约的每日最大波动限制为上一交易日结算价的 ±1.2%；10 年期国债期货合约的每日最大波动限制为上一交易日结算价的 ±2%。

18. 按照《中国金融期货交易所交易规则》及相关细则，对于沪深 300 股指期货合约，进行投机交易的客户某一合约单边持仓限额为（　　）手。

A. 600　　　　B. 1200

C. 2000　　　　D. 5000

【答案】D

【解析】对于沪深 300 股指期货合约，进行投机交易的客户某一合约单边持仓限额为 5000 手。

19. 下列关于金融期权与金融期货套期保值作用与效果的说法，不正确的是(　　)。

A. 利用金融期货套期保值，在避免价格不利变动造成损失的同时，也必须放弃价格有利变动可获得的利益

B. 利用金融期权套期保值，若价格发生不利变动，套期保值者可通过执行期权来避免损失

C. 通过金融期权交易，既可以避免价格不利变动造成的损失，又可以在相当程度上保住价格有利变动带来的利益

D. 用金融期权套期保值比金融期货更为有利

【答案】D

【解析】从保值角度说，金融期货通常比金融期权更为有效，也更为便宜，要在金融期权交易中真正做到既保值又获利并非易事。

20. 只能在期权到期日执行的期权是(　　)。

A. 欧式期权　　B. 美式期权

C. 修正的美式期权　　D. 认沽期权

【答案】A

【解析】欧式期权只能在到期日执行。美式期权则可在期权到期日或到期日之前的任何一个营业日执行。

21. 金融期权的主要风险指标 Delta = (　　)。

A. 期权价格变化/期权标的证券价格变化

B. 期权标的证券变化/期权价格变化

C. 期权价格变化/无风险利率变化

D. 无风险利率变化/期权价格变化

【答案】A

【解析】Delta 值是指期权标的证券价格变化对期权价格影响程度。Delta = 期权价格变化/期权标的证券价格变化。

22. 到期时间变化对期权价值的影响程度的金融期权的风险指标是(　　)。

A. Delta 值　　B. Gamma 值

C. Rho 值　　D. Theta 值

【答案】D

【解析】Delta 值是指期权标的证券价格变化对期权价格影响程度；Gamma 值是指期权标的证券价格变化对 Delta 值的影响程度；Rho 值是指无风险利率变化对期权价格的影响程度。

23. 上交所 50ETF 期权合约的最小报价单位是(　　)。

A. 0.01 元　　B. 0.001 元

C. 0.0001 元　　D. 1 元

【答案】C

【解析】50ETF 的合约单位是 10000 份，最小报价单位是 0.0001 元。

24. 按基础资产分类，权证的分类不包括(　　)。

A. 股权类权证　　B. 债权类权证

C. 其他权证　　D. 股本权证

【答案】D

【解析】按基础资产分类，权证可分为股权类权证，债券类权证以及其他权证。

25. 下列关于公司发行可转换债券的表述中，错误的是(　　)。

A. 为了增加证券对投资者的吸引力

B. 能以较低的成本筹集到所需的资金

C. 通常转化为优先股票

D. 转换成普通股票时可以将原筹集的期限有限的资金转化成长期稳定的股本

【答案】C

【解析】可转换公司债券通常转换为普通股。

26. 上市公司公开发行可转债的条件不包括(　　)。

A. 最近 3 个会计年度加权平均净资产收益率平均不低于 6%

B. 本次发行前累计公司债券余额不超过最近一期末净资产额的 40%

C. 最近 3 个会计年度实现的年均可分配利润不少于公司债券 1 年的利息

D. 上市公司应当组织机构健全、运行良好、盈利能力具有可持续性

【答案】B

【解析】本次发行后累计公司债券余额不超过最近一期末净资产额的40%。

27. 根据《上市公司证券发行管理办法》，上市公司发行的可转换公司债券在发行结束（　　）个月后，方可转换为公司股票，转股期限由公司根据可转换公司债券的存续期限及公司财务状况确定。

1. 2　　B. 5

C. 6　　D. 10

【答案】C

【解析】上市公司发行的可转换公司债券在发行结束6个月后，方可转换为公司股票。

28. 如果某可转换债券面额为1500元，规定其转换价格为30元，则转换比例为(　　)。

A. 20　　B. 30

C. 40　　D. 50

【答案】D

【解析】转换比例＝可转换证券面值/转换价格，本题的转换比例＝1500/30＝50。

29. 下列情形发生时不需要对可转换债券的转换价格进行修正的是(　　)。

A. 增发股票　　B. 配股

C. 股票价格在某一日暴跌　　D. 送股

【答案】C

【解析】转换价格修正是指发行公司在发行可转换公司债券后，由于公司的送股、配股、增发股票、分立、合并、拆细及其他原因导致发行人股份发生变动，引起公司股票名义价格下降时，而对转换价格所做的必要调整。

30. 下列不属于分离交易的可转换公司债券与一般的可转换债券之间的

区别的是(　　)。

A. 权利载体不同　　B. 行权方式不同

C. 赎回条件不同　　D. 权利内容不同

【答案】 C

【解析】 分离交易可转债与一般可转换债券之间的区别不包括赎回条件不同。

31. 下列行为不会引起上市公司发行在外股本变动的是(　　)。

A. 发行可转债　　B. 发行认股权证

C. 发行可交换债券　　D. 发行可分离公司债券

【答案】 C

【解析】 可交换债券股票来源于发行人已经发行在外的股票，不影响标的股票股本变动。

32. (　　) 是指在一国证券市场流通的代表外国公司有价证券的可转让凭证。

A. 证券凭证　　B. 国外凭证

C. 存托凭证　　D. 流通凭证

【答案】 C

【解析】 题干是存托凭证的概念。

二、组合型单项选择题

1. 独立衍生工具的特征包括(　　)。

Ⅰ. 与对市场情况变化有类似反应的其他类型合同相比，要求较多的初始净投资

Ⅱ. 其价值随特定利率、金融工具价格、商品价格、汇率、价格指数或其他类似变量的变动而变动，变量为非金融变量的，该变量与合同的任一方不存在特定关系

Ⅲ. 不要求初始净投资，或与对市场情况变化有类似反应的其他类型合同相比，要求很少的初始净投资

Ⅳ. 在未来某一日期结算

A. Ⅰ、Ⅱ、Ⅲ　　B. Ⅰ、Ⅲ、Ⅳ

C. Ⅱ、Ⅲ、Ⅳ　　　　D. Ⅰ、Ⅱ、Ⅲ、Ⅳ

【答案】C

【解析】独立衍生工具不要求初始净投资，或与对市场情况变化有类似反应的其他类型合同相比，要求很少的初始净投资，Ⅲ项正确Ⅰ项错误。

2. 金融衍生工具的基本特征是(　　)。

Ⅰ. 跨期性　　Ⅱ. 杠杆性　　Ⅲ. 联动性　　Ⅳ. 高风险性

A. Ⅰ、Ⅱ、Ⅲ　　　　B. Ⅰ、Ⅲ、Ⅳ

C. Ⅱ、Ⅲ、Ⅳ　　　　D. Ⅰ、Ⅱ、Ⅲ、Ⅳ

【答案】D

【解析】金融衍生工具有四个显著特征，即跨期性、杠杆性、联动性、不确定性或高风险性。

3. 金融衍生工具以其自身交易的方法和特点可以分为(　　)。

Ⅰ. 金融远期合约　　Ⅱ. 股权类产品的衍生工具

Ⅲ. 金融期货　　Ⅳ. 金融互换

A. Ⅰ、Ⅱ、Ⅲ　　　　B. Ⅰ、Ⅲ、Ⅳ

C. Ⅱ、Ⅲ、Ⅳ　　　　D. Ⅰ、Ⅱ、Ⅲ、Ⅳ

【答案】B

【解析】Ⅱ项股权类产品的衍生工具属于金融衍生工具按照基础工具的分类。

4. 按基础工具的种类分类，金融衍生工具可以分为(　　)。

Ⅰ. 信用衍生工具　　Ⅱ. 股权类产品的衍生工具

Ⅲ. 货币衍生工具　　Ⅳ. 利率衍生工具

A. Ⅰ、Ⅱ、Ⅲ　　　　B. Ⅰ、Ⅲ、Ⅳ

C. Ⅱ、Ⅲ、Ⅳ　　　　D. Ⅰ、Ⅱ、Ⅲ、Ⅳ

【答案】D

【解析】选项全部正确。此外还包括其他衍生工具。

5. 利率衍生工具主要包括(　　)。

Ⅰ. 远期利率协议　　Ⅱ. 利率期权　　Ⅲ. 利率期货　　Ⅳ. 利率互换

A. Ⅰ、Ⅱ、Ⅲ　　B. Ⅰ、Ⅲ、Ⅳ
C. Ⅱ、Ⅲ、Ⅳ　　D. Ⅰ、Ⅱ、Ⅲ、Ⅳ

【答案】D

【解析】选项全部正确。

6. 根据交易合约的签订与实际交割之间的关系，市场交易的组织形态分为(　　)。

Ⅰ. 现货交易　Ⅱ. 远期交易　Ⅲ. 期货交易　Ⅳ. 短期交易

A. Ⅰ、Ⅱ、Ⅲ　　B. Ⅰ、Ⅲ、Ⅳ
C. Ⅱ、Ⅲ、Ⅳ　　D. Ⅰ、Ⅱ、Ⅲ、Ⅳ

【答案】A

【解析】根据交易合约的签订与实际交割之间的关系，市场交易的组织形态划分为现货交易、远期交易与期货交易三类。

7. 根据基础资产划分，常见的金融远期合约包括（　　）

Ⅰ. 股权类资产的远期合约　Ⅱ. 债权类资产的远期合约
Ⅲ. 远期利率协议　Ⅳ. 远期汇率协议

A. Ⅰ、Ⅱ、Ⅲ　　B. Ⅰ、Ⅲ、Ⅳ
C. Ⅱ、Ⅲ、Ⅳ　　D. Ⅰ、Ⅱ、Ⅲ、Ⅳ

【答案】D

【解析】选项全部正确。

8. 股权类期货包括(　　)。

Ⅰ. 股票价格指数期货　Ⅱ. 单只股票期货
Ⅲ. 股票组合期货　Ⅳ. 股票价格指数期权

A. Ⅰ、Ⅱ、Ⅲ　　B. Ⅰ、Ⅳ
C. Ⅱ、Ⅳ　　D. Ⅱ、Ⅲ、Ⅳ

【答案】A

【解析】股权类期货是以单只股票、股票组合或者股票价格指数为基础资产的期货合约。

9. 2007 年 9 月，中国人民银行公布了《远期利率协议业务管理规定》，以下选项中正确的有(　　)。

Ⅰ. 远期利率协议的买方支付以参考利率计算的利息

Ⅱ. 远期利率协议的卖方支付以合同利率计算的利息

Ⅲ. 远期利率协议的参考利率之一是中国人民银行公布的基准利率

Ⅳ. 远期利率协议交易既可以通过交易中心的交易系统达成，也可以通过电话、传真等其他方式达成

A. Ⅰ、Ⅱ、Ⅲ　　B. Ⅰ、Ⅲ、Ⅳ

C. Ⅲ、Ⅳ　　D. Ⅰ、Ⅱ、Ⅲ、Ⅳ

【答案】 C

【解析】 远期利率协议的买方支付以合同利率计算的利息，卖方支付以参考利率计算的利息，所以Ⅰ项、Ⅱ项错误。

10. 金融期货交易与现货交易的区别是(　　)。

Ⅰ. 交易的对象不同　　Ⅱ. 交易的目的不同

Ⅲ. 对交易价格的定义不同　　Ⅳ. 交易的方式不同

A. Ⅱ、Ⅲ、Ⅳ　　B. Ⅰ、Ⅱ

C. Ⅲ、Ⅳ　　D. Ⅰ、Ⅱ、Ⅲ、Ⅳ

【答案】 D

【解析】 选项全部正确。此外还包括结算方式不同。

11. 作为一种标准化的远期交易，金融期货交易与普通远期交易之间存在的区别包括(　　)。

Ⅰ. 交易场所和交易组织形式不同

Ⅱ. 交易的监管程度不同

Ⅲ. 金融期货交易是标准化交易，远期交易的内容可协商确定

Ⅳ. 保证金制度和每日结算制度导致违约风险不同

A. Ⅰ、Ⅱ、Ⅲ　　B. Ⅰ、Ⅲ、Ⅳ

C. Ⅰ、Ⅱ、Ⅳ　　D. Ⅰ、Ⅱ、Ⅲ、Ⅳ

【答案】 D

【解析】 选项全部正确。

12. 下列选项中属于金融期货主要交易制度的有(　　)。

Ⅰ. 限仓制度　　　　Ⅱ. 逐日盯市制度

Ⅲ. 集中交易制度　　Ⅳ. 有负债的结算制度

A. Ⅰ、Ⅱ、Ⅲ　　B. Ⅰ、Ⅲ、Ⅳ

C. Ⅱ、Ⅲ、Ⅳ　　D. Ⅰ、Ⅱ、Ⅳ

【答案】A

【解析】Ⅳ项应为当日无负债的结算制度。

13. 下列有关金融期货主要交易制度的说法，正确的是(　　)。

Ⅰ. 期货交易所的会员经纪公司必须向交易所或结算所缴纳结算保证金

Ⅱ. 大户报告制度便于交易所审查大户是否有过度投机和操纵市场行为

Ⅲ. 交易所通常对每个交易时段允许的最大波动范围作出规定，一旦达到涨（跌）幅限制，则高于（低于）该价格的买入（卖出）委托无效

Ⅳ. 结算所是期货交易的专门清算机构，通常并不附属于交易所

A. Ⅰ、Ⅱ、Ⅲ　　B. Ⅰ、Ⅲ、Ⅳ

C. Ⅱ、Ⅲ、Ⅳ　　D. Ⅰ、Ⅱ、Ⅲ、Ⅳ

【答案】A

【解析】结算所是期货交易的专门清算机构，通常附属于交易所，但又以独立的公司形式组建。

14. 金融期货按照其基础工具来划分，主要有(　　)。

Ⅰ. 存托凭证　　Ⅱ. 外汇期货　　Ⅲ. 利率期货　　Ⅳ. 股权类期货

A. Ⅰ、Ⅱ、Ⅲ　　B. Ⅰ、Ⅲ、Ⅳ

C. Ⅱ、Ⅲ、Ⅳ　　D. Ⅰ、Ⅱ、Ⅲ、Ⅳ

【答案】C

【解析】按基础工具划分，金融期货主要包括外汇期货、利率期货、股权类期货。

15. 利率期货的主要参考利率，包括(　　)。

Ⅰ. 国债利率　　　　Ⅱ. 伦敦银行间同业拆借利率

Ⅲ. 联邦基金利率　　Ⅳ. 香港银行间同业拆借利率

A. Ⅰ、Ⅱ、Ⅲ　　B. Ⅰ、Ⅲ、Ⅳ

C. Ⅱ、Ⅲ、Ⅳ　　D. Ⅰ、Ⅱ、Ⅲ、Ⅳ

【答案】D

【解析】选项全部正确。

16. 选择沪深300指数作为中国金融期货交易所首只股票指数期货标的的原因在于(　　)。

Ⅰ. 沪深300指数市场覆盖率高，主要成分股权重比较分散，有利于防范指数操纵行为

Ⅱ. 沪深300指数成分股涵盖10个行业，各行业公司流通市值覆盖率相对均衡，使该指数能够较好地对抗行业的周期性波动

Ⅲ. 沪深300指数每日价格最大波动限制较为宽松，有利于投资者获得更为丰厚的回报，能够有效地提高投资者的操作积极性

Ⅳ. 沪深300指数的编制吸收了国际市场成熟的指数编制理念，采用自由流通股本加权、分级靠档、样本调整缓冲区等先进技术，具有较强的市场代表性和较高的可投资性，有利于市场功能发挥和后续产品创新

A. Ⅰ、Ⅱ、Ⅲ　　B. Ⅰ、Ⅲ、Ⅳ

C. Ⅱ、Ⅲ、Ⅳ　　D. Ⅰ、Ⅱ、Ⅳ

【答案】D

【解析】选择沪深300指数的原因不包括Ⅲ项。

17. 下列关于10年期国债期货合约的说法中，正确的是(　　)。

Ⅰ. 上市的10年期国债期货合约交易代码为T

Ⅱ. 实行到期实物交割

Ⅲ. 标的为面值1000万元人民币、票面利率6%的名义长期国债

Ⅳ. 挂牌合约为最近的3个季月，最低交易保证金为2%

A. Ⅰ、Ⅱ、Ⅲ　　B. Ⅰ、Ⅱ、Ⅳ

C. Ⅱ、Ⅳ　　D. Ⅰ、Ⅱ、Ⅲ、Ⅳ

【答案】B

【解析】Ⅲ项标的为面值100万元人民币、票面利率3%的名义长期国债。

18. 5年国债期货合约实行持仓期限制度，相关规定包括(　　)。

Ⅰ. 合约上市首日起，持仓限额为2000手

Ⅱ. 交割月份前之前的一个交易日起，持仓限额为 300 手

Ⅲ. 交割月份前之前的一个交易日起，持仓限额为 600 手

Ⅳ. 某一合约结算后单边总持仓量超过 60 万手的，结算会员下一交易日该合约单边持仓量不得超过该合约单边总持仓量的 25%

A. Ⅰ、Ⅱ、Ⅲ　　B. Ⅰ、Ⅲ、Ⅳ

C. Ⅱ、Ⅲ、Ⅳ　　D. Ⅱ、Ⅳ

【答案】B

【解析】交割月份前之前的一个交易日起，持仓限额为 600 手，Ⅱ项错误。

19. 金融期货的基本功能包括(　　)。

Ⅰ. 套期保值功能　Ⅱ. 价格发现功能　Ⅲ. 投机功能　Ⅳ. 套利功能

A. Ⅰ、Ⅱ、Ⅲ　　B. Ⅰ、Ⅲ、Ⅳ

C. Ⅱ、Ⅲ、Ⅳ　　D. Ⅰ、Ⅱ、Ⅲ、Ⅳ

【答案】D

【解析】选项全部正确。

20. 套期保值是指企业为规避（　　）等，指定一项或一项以上套期工具，使套期工具的公允价值或者现金流量变动，预期抵消被套期项目全部或者部分公允价值或现金流量变动风险的一种交易活动。

Ⅰ. 外汇风险　Ⅱ. 利率风险　Ⅲ. 商品价格风险　Ⅳ. 信用风险

A. Ⅰ、Ⅱ、Ⅲ　　B. Ⅰ、Ⅲ、Ⅳ

C. Ⅱ、Ⅲ、Ⅳ　　D. Ⅰ、Ⅱ、Ⅲ、Ⅳ

【答案】D

【解析】套期保值针对的风险包括外汇风险、利率风险、商品价格风险、股票价格风险、信用风险等。

21. 套期保值的原则包括(　　)。

Ⅰ. 买卖方向相反　Ⅱ. 商品种类相同

Ⅲ. 月份相同或相近　Ⅳ. 商品数量相等

A. Ⅰ、Ⅱ、Ⅲ　　B. Ⅰ、Ⅲ、Ⅳ

C. Ⅱ、Ⅲ、Ⅳ　　D. Ⅰ、Ⅱ、Ⅲ、Ⅳ

【答案】D

【解析】选项全部正确。

22. 套期保值的基本做法是(　　)。

Ⅰ. 持有现货空头，买入期货合约

Ⅱ. 持有现货空头，卖出期货合约

Ⅲ. 持有现货多头，卖出期货合约

Ⅳ. 持有现货多头，买入期货合约

A. Ⅰ、Ⅲ　　B. Ⅰ、Ⅳ

C. Ⅱ、Ⅲ　　D. Ⅱ、Ⅳ

【答案】A

【解析】多头套期保值是指持有现货空头，买入期货合约；空头套期保值是指持有现货多头，卖出期货合约。

23. 互换可以分为(　　)。

Ⅰ. 货币互换　Ⅱ. 利率互换　Ⅲ. 股权类互换　Ⅳ. 信用违约互换

A. Ⅰ、Ⅱ、Ⅲ　　B. Ⅰ、Ⅲ、Ⅳ

C. Ⅱ、Ⅲ、Ⅳ　　D. Ⅰ、Ⅱ、Ⅲ、Ⅳ

【答案】D

【解析】选项全部正确。此外还包括其他类互换。

24. 在利率互换交易中，当利率看涨时，投资者可(　　)。

Ⅰ. 将浮动利率债务类金融工具转换成固定利率金融工具

Ⅱ. 将固定利率资产类金融工具转换成浮动利率金融工具

Ⅲ. 将固定利率债务类金融工具转换成浮动利率金融工具

Ⅳ. 将浮动利率资产类金融工具转换成固定利率金融工具

A. Ⅰ、Ⅱ　　B. Ⅰ、Ⅳ

C. Ⅱ、Ⅲ　　D. Ⅲ、Ⅳ

【答案】A

【解析】当利率看涨时，为避免债务工具利率上浮可将浮动利率债务类金融工具转换成固定利率金融工具；同理资产类金融工具则应该将固定利率转换成浮动利率工具以享受利率上涨的收益。

25. 信用违约互换的当事人有(　　)。

Ⅰ. 信用担保出售方　　Ⅱ. 信用担保购买方

Ⅲ. 中介管理机构　　Ⅳ. 证券公司

A. Ⅰ、Ⅱ　　B. Ⅱ、Ⅳ

C. Ⅰ、Ⅲ　　D. Ⅱ、Ⅲ

【答案】 A

【解析】 最基本的信用违约互换涉及两个当事人，即信用担保购买方和信用担保出售方。

26. 信用违约互换中的参考信用工具包括(　　)。

Ⅰ. 债券　　Ⅱ. 按揭贷款　　Ⅲ. 按揭支持证券　　Ⅳ. 各国国债

A. Ⅰ、Ⅲ　　B. Ⅰ、Ⅲ、Ⅳ

C. Ⅱ、Ⅲ、Ⅳ　　D. Ⅰ、Ⅱ、Ⅲ、Ⅳ

【答案】 D

【解析】 选项全部正确。

27. 信用违约互换交易的危险来自(　　)。

Ⅰ. 集中交易

Ⅱ. 高杠杆性

Ⅲ. 信用保护买方不真正持有作为参考的信用工具

Ⅳ. 场内交易

A. Ⅰ、Ⅱ　　B. Ⅲ、Ⅳ

C. Ⅱ、Ⅲ　　D. Ⅱ、Ⅲ、Ⅳ

【答案】 C

【解析】 信用违约互换交易的危险来自三个方面：具有较高的杠杆性，信用保护的买方并不需要真正持有作为参考的信用工具，场外市场缺乏充分的信息披露和监管。

28. 下列关于金融期权的说法中，错误的有(　　)。

Ⅰ. 期权交易实际上是一种权利的双方有偿让渡

Ⅱ. 期权的买方承担买卖基础工具的义务

Ⅲ. 期权的卖方可以选择履行合约

Ⅳ. 期权交易是对选择权的买卖

A. Ⅰ、Ⅱ、Ⅲ B. Ⅰ、Ⅳ

C. Ⅱ、Ⅲ、Ⅳ D. Ⅰ、Ⅱ、Ⅳ

【答案】A

【解析】Ⅰ项期权交易实际上是一种权利的单方面有偿让渡；Ⅱ项期权的买方不必承担买卖基础工具的义务；Ⅲ项期权的买方可以选择履行合约。

29. 下列关于金融期货与金融期权的区别说法，正确的有（ ）。

Ⅰ. 基础资产不同 Ⅱ. 履约保证不同

Ⅲ. 现金流转不同 Ⅳ. 套期保值的作用与效果不同

A. Ⅰ、Ⅱ、Ⅲ B. Ⅰ、Ⅲ、Ⅳ

C. Ⅱ、Ⅲ、Ⅳ D. Ⅰ、Ⅱ、Ⅲ、Ⅳ

【答案】D

【解析】选项全部正确。此外还包括交易者权利义务的对称性不同，盈亏特点不同。

30. 下列各项中，属于金融期货性质的是（ ）。

Ⅰ. 买卖双方的权利与义务是对称的

Ⅱ. 双方均需开立保证金账户，缴纳履约保证金

Ⅲ. 双方潜在的盈利和亏损无限

Ⅳ. 金融期货是以金融工具（或金融变量）为基础工具的期货交易

A. Ⅰ、Ⅱ、Ⅲ B. Ⅲ、Ⅳ

C. Ⅰ、Ⅱ、Ⅳ D. Ⅰ、Ⅱ、Ⅲ、Ⅳ

【答案】D

【解析】选项全部正确。

31. 关于金融期货与金融期权的盈亏特点，下列描述正确的有（ ）。

Ⅰ. 金融期货交易中双方潜在的盈利和亏损都是无限的

Ⅱ. 金融期货交易中双方潜在的盈利和亏损都是有限的

Ⅲ. 金融期权买方在交易中的潜在亏损是有限的，仅限于所支付期权费，而可能取得的盈利却是无限的

Ⅳ. 金融期权出售方在交易中所取得的盈利是有限的，而可能遭受的损

失是无限的

A. Ⅰ、Ⅲ　　B. Ⅰ、Ⅲ、Ⅳ

C. Ⅱ、Ⅳ　　D. Ⅱ、Ⅲ、Ⅳ

【答案】B

【解析】金融期货交易中双方潜在的盈利和亏损都是无限的。

32. 关于看涨期权和看跌期权，下列说法正确的有(　　)。

Ⅰ. 根据选择权的性质不同，可以把期权划分为看涨期权和看跌期权

Ⅱ. 交易者买入看跌期权，是因为他预期该项金融工具的价格在近期内将会下跌

Ⅲ. 看涨期权也称认沽期权

Ⅳ. 无论交易者买入看涨期权还是看跌期权，如果判断错误，则可以放弃行权，损失仅为期权费

A. Ⅰ、Ⅱ、Ⅲ　　B. Ⅰ、Ⅳ

C. Ⅱ、Ⅲ、Ⅳ　　D. Ⅰ、Ⅱ、Ⅳ

【答案】D

【解析】Ⅲ项看涨期权也称认购期权。

33. 按照金融期权基础资产性质的不同，金融期权的种类有(　　)。

Ⅰ. 股权类期权　　Ⅱ. 利率期权　　Ⅲ. 货币期权　　Ⅳ. 商品期权

A. Ⅰ、Ⅱ、Ⅲ　　B. Ⅰ、Ⅲ、Ⅳ

C. Ⅱ、Ⅲ、Ⅳ　　D. Ⅰ、Ⅱ、Ⅲ、Ⅳ

【答案】A

【解析】按金融期权基础资产性质划分可分为股权类期权、利率期权、货币期权、金融期货合约期权和互换期权。

34. 下列金融期权属于实值期权的是(　　)。

Ⅰ. 看涨期权协定价格低于金融工具市场价格

Ⅱ. 看涨期权协定价格高于金融工具市场价格

Ⅲ. 看跌期权协定价格低于金融工具市场价格

Ⅳ. 看跌期权协定价格高于金融工具市场价格

A. Ⅰ、Ⅲ　　B. Ⅰ、Ⅳ

C. Ⅱ、Ⅲ　　　　D. Ⅱ、Ⅳ

【答案】B

【解析】看涨期权若协定价格低于市场价格，期权的买方执行期权将有利可图，此时为实值期权；看跌期权协定价格高于市场价格，期权的买方执行期权将有利可图，此时为实值期权。

35. 下列选项中属于金融期权基本功能的有(　　)。

Ⅰ. 套期保值功能　　Ⅱ. 价格发现功能

Ⅲ. 投机功能　　Ⅳ. 套利功能

A. Ⅰ、Ⅱ、Ⅲ　　　　B. Ⅰ、Ⅲ、Ⅳ

C. Ⅱ、Ⅲ、Ⅳ　　　　D. Ⅰ、Ⅱ、Ⅲ、Ⅳ

【答案】A

【解析】金融期权的基本功能包括套期保值功能、价格发现功能、投机功能、盈利功能。

36. 下列普通机构投资者符合参与期权交易条件的有(　　)。

Ⅰ. 甲机构在申请开户前二十个交易日日均托管在其委托的期权经营机构的证券市值与资金账户可用余额（不含通过融资融券交易融入的证券和资金），合计为人民币 50 万元；净资产为人民币 100 万元

Ⅱ. 乙机构在申请开户前二十个交易日日均托管在其委托的期权经营机构的证券市值与资金账户可用余额（不含通过融资融券交易融入的证券和资金），合计为人民币 50 万元；净资产为人民币 50 万元

Ⅲ. 丙机构在申请开户前二十个交易日日均托管在其委托的期权经营机构的证券市值与资金账户可用余额（不含通过融资融券交易融入的证券和资金），合计为人民币 100 万元；净资产为人民币 100 万元

Ⅳ. 丁机构在申请开户前二十个交易日日均托管在其委托的期权经营机构的证券市值与资金账户可用余额（不含通过融资融券交易融入的证券和资金），合计为人民币 100 万元；净资产为人民币 200 万元

A. Ⅳ　　　　B. Ⅰ、Ⅲ、Ⅳ

C. Ⅲ、Ⅳ　　　　D. Ⅰ、Ⅱ、Ⅲ、Ⅳ

【答案】C

【解析】普通机构投资者参与期权交易的条件：在申请开户前二十个交

易日均托管在其委托的期权经营机构的证券市值与资金账户可用余额（不含通过融资融券交易融入的证券和资金），合计不低于人民币 100 万元，净资产不低于人民币 100 万元。

37. 下列关于权证的说法，正确的有(　　)。

Ⅰ. 认购权证的持有人有权买入标的证券，认沽权证的持有人有权卖出标的证券

Ⅱ. 美式权证的持有人只有在约定的到期日才有权买卖标的证券，而欧式权证的持有人在到期日前的任意时刻都有权买卖标的证券

Ⅲ. 按权证的内在价值，可以将权证分为平价权证、价内权证和价外权证

Ⅳ. 现金结算权证行权时，发行人有权对标的证券的市场价与行权价格的差额部分进行现金结算，实物交割权证行权时则涉及标的证券的实际转移

A. Ⅰ、Ⅱ、Ⅲ　　B. Ⅰ、Ⅲ、Ⅳ

C. Ⅱ、Ⅲ、Ⅳ　　D. Ⅰ、Ⅱ、Ⅲ、Ⅳ

【答案】B

【解析】Ⅱ项欧式权证的持有人只有在约定的到期日才有权买卖标的证券，而美式权证的持有人在到期日前的任意时刻都有权买卖标的证券。

38. 可转换债券的双重选择权包括(　　)。

Ⅰ. 转债发行人拥有是否实施赎回条款的选择权

Ⅱ. 转债发行人可自行选择是否转股

Ⅲ. 投资者可自行选择是否转股

Ⅳ. 投资者拥有是否实施赎回条款的选择权

A. Ⅰ、Ⅲ　　B. Ⅱ、Ⅳ

C. Ⅱ、Ⅲ、Ⅳ　　D. Ⅰ、Ⅱ、Ⅲ、Ⅳ

【答案】A

【解析】可转债的双重选择权是指投资者可自行选择是否转股，可转债发行人自行选择是否实施赎回条款。

39. 下列关于可转换公司债券要素的叙述，正确的有(　　)。

Ⅰ. 可转换公司债券要素基本决定了可转换公司债券的转换条件、转换

价值、市场价格等总体特征

Ⅱ. 可转换公司债券的票面利率一般高于相同条件下的不可转换公司债券

Ⅲ. 转换比例是指一定面额可转换公司债券转换成优先股的股数

Ⅳ. 赎回条款和回售条款是可转换公司债券在发行时规定的赎回行为和回售行为发生的具体市场条件

A. Ⅱ、Ⅲ　　B. Ⅰ、Ⅳ

C. Ⅰ、Ⅱ、Ⅳ　　D. Ⅰ、Ⅱ、Ⅲ、Ⅳ

【答案】 B

【解析】 Ⅱ项可转换公司债券的票面利率一般低于相同条件下的不可转换公司债券；Ⅲ项转换比例是指一定面额可转换公司债券转换成普通股的股数。

40. 关于可交换债券，下列说法正确的是(　　)。

Ⅰ. 可交换公司债券的期限最短为1年，最长为6年

Ⅱ. 可交换公司债券面值为每张人民币100元

Ⅲ. 可交换公司债券自发行结束之日起12个月后，方可交换为预备交换的股票

Ⅳ. 公司债券交换为每股股份的价格，应当不低于公告募集说明书日前10个交易日公司股票均价和前一个交易日的均价

A. Ⅰ、Ⅱ、Ⅲ　　B. Ⅰ、Ⅲ、Ⅳ

C. Ⅱ、Ⅲ、Ⅳ　　D. Ⅰ、Ⅱ、Ⅲ、Ⅳ

【答案】 A

【解析】 Ⅳ项公司债券交换为每股股份的价格，应当不低于公告募集说明书日前20个交易日公司股票均价和前一个交易日的均价。

41. 申请发行可交换公司债券，应该满足下列规定(　　)。

Ⅰ. 申请人应该是符合《中华人民共和国公司法》《中华人民共和国证券法》规定的有限责任公司或者股份有限公司

Ⅱ. 公司最近1年末的净资产额不少于人民币5亿元

Ⅲ. 公司最近3个会计年度实现的年均可分配利润不少于公司债券1年的利息

Ⅳ. 本次发行后累计公司债券余额不超过最近一期末净资产额的40%

A. Ⅰ、Ⅱ、Ⅲ　　B. Ⅰ、Ⅲ、Ⅳ

C. Ⅱ、Ⅲ、Ⅳ　　D. Ⅰ、Ⅱ、Ⅳ

【答案】 B

【解析】 Ⅱ项应为公司最近一期末的净资产额不少于人民币 3 亿元。

42. 参与美国存托凭证发行与交易的中介机构包括(　　)。

Ⅰ. 美国证券交易委员会　　Ⅱ. 存券银行

Ⅲ. 托管银行　　Ⅳ. 中央存托公司

A. Ⅰ、Ⅱ、Ⅲ　　B. Ⅰ、Ⅲ、Ⅳ

C. Ⅱ、Ⅲ、Ⅳ　　D. Ⅰ、Ⅱ、Ⅲ、Ⅳ

【答案】 C

【解析】 存券银行、托管银行和中央存托公司属于参与美国存托凭证发行与交易的中介机构。

43. 按照联结的基础产品分类，结构化金融衍生产品可分为(　　)。

Ⅰ. 汇率联结型产品　　Ⅱ. 商品联结型产品

Ⅲ. 利率联结型产品　　Ⅳ. 股权联结型产品

A. Ⅰ、Ⅱ、Ⅲ　　B. Ⅰ、Ⅲ、Ⅳ

C. Ⅱ、Ⅲ、Ⅳ　　D. Ⅰ、Ⅱ、Ⅲ、Ⅳ

【答案】 D

【解析】 选项全部正确。

44. 按收益保障性分类，结构化金融衍生产品可分为(　　)。

Ⅰ. 保证最高收益型产品　　Ⅱ. 非收益保证型产品

Ⅲ. 保证适中收益型产品　　Ⅳ. 收益保证型产品

A. Ⅰ、Ⅲ　　B. Ⅰ、Ⅳ

C. Ⅱ、Ⅲ　　D. Ⅱ、Ⅳ

【答案】 D

【解析】 按收益保障性分类，结构化金融衍生产品可分为收益保证型产品和非收益保障型产品两大类，其中前者又可进一步细分为保本型产品和保证最低收益型产品。

第八章　金融风险管理

一、单项选择题

1. 风险是结果对期望的偏离，是收益的(　　)。

A. 危险性　　B. 不可控性

C. 波动性　　D. 损失性

【答案】C

【解析】风险是结果对期望的偏离，是（收益的）波动性，这种定义是现代风险计量和管理的基础。

2. 下列关于风险与波动性的说法中，正确的是(　　)。

A. 在现代金融风险分析中，通常仅仅关注损失的可能性，是单向测度

B. 在波动性定义下，风险既是损失的可能，也是盈利的可能

C. 传统风险观认为，风险既是损失的来源，也是盈利的来源

D. 基于不确定性定义下风险的双向测度是现代风险管理发展的重要基础

【答案】B

【解析】基于波动性定义下风险的双向测度是现代风险管理发展的重要基础，选项 A、选项 D 错误。传统风险观仅仅关注损失的可能性，是单向测度，选项 C 错误。

3. 下列关于风险管理的说法，不正确的是(　　)。

A. 风险管理不等于损失管理，其本质特征是事前管理

B. 风险管理的内涵应该是对损失（或盈利）发生以前的管理，即防止损失发生，争取盈利实现的措施

C. 现代风险管理是一种全面的风险管理，以企业的股东价值和社会价值增长为总体目标

D. 风险管理的目标是减少损失或降低风险

【答案】D

【解析】风险管理的目标是创造价值，而不是减少损失或降低风险。

4. 通过投资或购买与标的资产收益波动负相关的某种资产或衍生产品，来冲销标的资产潜在的风险损失的一种风险管理策略，被称为(　　)。

A. 风险补偿　　B. 风险对冲

C. 风险转移　　D. 风险规避

【答案】B

【解析】题干为风险对冲的概念。

5. 关于风险转移，下列说法不正确的是(　　)。

A. 风险转移分为保险转移和非保险转移两种

B. 保险转移将项目风险损失转移给保险公司承担

C. 非保险转移通常采用担保和备用信用证等方式，将风险转移给第三方

D. 利用衍生工具对冲风险不属于风险转移

【答案】D

【解析】金融机构借助衍生产品作为特殊保单，转移利率、汇率、股票和商品价格风险也属于风险转移。

6. (　　) 是金融机构的核心竞争力。

A. 风险控制　　B. 风险分散

C. 风险管理　　D. 风险规避

【答案】C

【解析】风险管理是金融机构的核心竞争力。

7. (　　) 是金融机构开展风险管理的基础前提，也是金融机构设定风险限额的前提。

A. 风险偏好　　B. 风险分级

C. 风险缓释　　D. 风险应对

【答案】A

【解析】风险偏好是金融机构开展风险管理的基础前提，风险限额设定

的前提是确定金融机构的风险偏好。

8. 证券公司风险管理的三道防线，是指在金融机构内部构造出三个对风险管理承担不同职责的团队和管理部门，相互之间协调配合，分工协作，并通过独立、有效的监控，提高主体的风险管理有效性。其中，第一道风险防线是(　　)。

A. 业务条线部门　　B. 风险管理部门

C. 合规部门　　D. 内部审计

【答案】 A

【解析】 业务条线部门是第一道风险防线，风险管理部门和合规部门是第二道风险防线，内部审计是第三道风险防线。

9. 下列关于风险偏好和风险容忍度的表述，不正确的是(　　)。

A. 风险偏好是战略性的，通常以定性描述为主，风险容忍度是风险偏好的具体体现，是对风险偏好的进一步量化和细化

B. 风险偏好是公司战略目标的一个重要决定因素，在风险管理体系中居于宏观的主导地位

C. 风险偏好的设定通常从战略角度出发，采取自上而下的设计方法

D. 风险容忍度更接近于业务单元，与实际风险特征联系紧密，通常采用自下而上的方式设定

【答案】 D

【解析】 风险容忍度更接近于业务单元，与实际风险特征联系紧密，通常采用“自下而上”和“自上而下”相结合的方式设定。

10. 下列属于信用风险限额指标的是(　　)。

A. 产品或组合敞口限额　　B. 单一客户贷款集中度限额

C. 敏感度限额　　D. 止损限额

【答案】 B

【解析】 常用的信用风险限额指标包括单一客户贷款集中度限额、单一集团客户授信集中度限额、行业限额等。市场风险限额指标包括 VaR 限额、产品或组合敞口限额、敏感度限额、止损限额等。

11.（　　）是现代风险管理的核心，决定了风险管理是金融机构核心竞争力的地位。

A. 风险规避　　B. 风险对冲

C. 风险分散　　D. 资本管理

【答案】D

【解析】资本管理是现代风险管理的核心。

12. 下列关于资本主要类别的说法，不正确的是(　　)。

A. 账面资本也称会计资本，是各种形式的具有资本本质的项目，依据一定的会计方法和规则，在资产负债表上反映出来的资本

B. 监管资本是金融机构按照监管要求应当持有最低资本要求

C. 经济资本通常被定义为金融机构，为了吸收一定置信水平下的非预期损失，而应该具备的资本

D. 监管资本又称风险资本

【答案】D

【解析】经济资本也被称为风险资本，是一种虚拟的算出来的数字，并不是真正的资本。

13. 以（　　）为基础计算的风险控制指标，是监管部门限制证券公司过度承担风险，保证金融市场稳定运行的重要工具。

A. 净资产　　B. 净资本

C. 资产总额　　D. 杠杆率

【答案】B

【解析】以净资本为基础计算的风险控制指标，是监管部门限制证券公司过度承担风险，保证金融市场稳定运行的重要工具。

14. 下列关于市场风险的表述，不正确的是(　　)。

A. 市场风险是指因市场价格，变量波动给经济主体带来损益的风险

B. 市场风险通常来源于整个经济体系，而不是交易对手或金融机构内部

C. 市场风险具有明显的非系统性风险特征

D. 套期保值（对冲）限额和定价补偿是管理市场风险最主要的方法

【答案】C

【解析】市场风险具有明显的系统性风险特征，很难通过分散化投资完全消除。

15. 对敏感性分析的说法，不正确的是(　　)。

A. 敏感性是一个变量对另一个变量发生的变化的反应程度，也就是经济学分析中的弹性

B. 基点价值是衡量市场风险的主要方法之一，当利率变化不大时，基点价值能很好地表达债券价格和利率之间的变化关系

C. 敏感性分析计算较为复杂，应用不够广泛

D. 久期也被称为持续期或期限弹性，是衡量利率变动对经济价值影响的一种方法，主要反映的是债券价格相对利率变动的幅度

【答案】C

【解析】在数学上敏感性就是函数的一阶导数，是市场风险分析中最常用的方法之一。

16. (　　) 是指在正常的市场条件和给定的置信水平下，某一投资组合在给定的持有期间内可能发生的最大损失。

A. 波动率　　　　B. 方差

C. VaR　　　　D. 期望

【答案】C

【解析】题干是 VaR 的概念。

17. 市场风险的应对措施不包括(　　)。

A. 限额管理　　　　B. 对冲管理

C. 绩效和激励管理　　　　D. 波动性分析

【答案】D

【解析】波动性分析属于市场风险衡量的范畴。

18. 下列关于市场风险限额的说法，不正确的是(　　)。

A. 交易限额是指对总交易头寸或净交易头寸设定的限额

B. 止损限额即允许的最大损失额

C. 敏感度限额是指在保持其他条件不变的前提下，对单个市场风险要素的微小变化，对金融工具或资产组合收益或经济价值影响程度所设定的限额

D. 净头寸限额对特定交易工具的多头头寸或空头头寸给予限制

【答案】D

【解析】净交易头寸限额对多头头寸和空头头寸相抵后的净额加以限制。

19. 关于通过对冲管理市场风险，下列说法不正确的是(　　)。

A. 风险对冲是指通过投资或购买与标的资产收益波动负相关的某种资产或衍生产品，来冲抵标的资产潜在的风险损失的一种风险管理策略

B. 市场风险对冲通常由财务部门负责实施

C. 利率风险对冲，通过采用远期利率协议，国债期货等产品实现

D. 汇率风险通常采用外汇远期、外汇期货等避免汇率不利波动风险

【答案】B

【解析】市场风险对冲通常由前台业务部门实施，在整个机构的风险偏好和限额体系下开展。

20. 风险调整资本收益率（RAROC）的计算公式是(　　)。

A. RAROC =（收益 - 费用 - 预期损失）/经济资本

B. RAROC =（收益 - 费用 - 非预期损失）/经济资本

C. RAROC =（收益 - 费用 - 预期损失）/收益

D. RAROC =（收益 - 费用 - 非预期损失）/收益

【答案】A

【解析】RAROC = 经风险调整的收益/经济资本 =（收益 - 费用 - 预期损失）/经济资本。

21. 下列关于证券经营机构信用风险的说法，不正确的是(　　)。

A. 交易对手信用风险主要来自场外衍生品和证券融资交易，其中证券融资交易规模更大

B. 证券公司面临信用风险的相关业务和资本市场有很强的关联性

C. 证券公司承担的信用风险，在其整体风险承担中的占比，要低于商

业银行

D. 交易对手信用风险主要来源于自营非权益类交易和融资类业务

【答案】A

【解析】交易对手信用风险中，场外衍生品规模比证券融资交易更大。

22. 集合资产管理计划或单一资产管理客户作为融出方的，单一集合资产管理计划或单一资产管理客户接受单只 A 股股票质押的数量不得超过该股票 A 股股本的(　　)。

A. 5%　　B. 10%

C. 15%　　D. 20%

【答案】C

【解析】题干所述情形不得超过该股票 A 股股本的 15%。

23. 次贷危机后，巴塞尔委员会针对交易对手信用风险，出台的措施不包括(　　)。

A. 全额结算　　B. 提高抵押品和保证金要求

C. 中央交易对手　　D. 信用衍生品市场对冲

【答案】A

【解析】巴塞尔委员会出台的完善交易对手信用风险的措施：净额结算、提高抵押品和担保金要求、中央交易对手、信用衍生品市场对冲、交易对手信用风险的资本计量和资本监管。

24. 下列关于信用衍生工具的论述，不正确的是(　　)。

A. 20 世纪 90 年代以来，信用风险转移的变化主要表现是信用衍生产品交易和信用资产证券化交易的迅猛发展

B. 信用远期协议以信用价差反映银行贷款的信用状况，信用价差增加表明银行贷款信用状况改善

C. 信用衍生产品交易中，信用风险可以在业务中从其他风险中分离出来被单独交易和转让

D. 信用衍生品交易中，信用保护的出售方在承担信用风险时，并不要求资金投入，除非合同中指定的信用事件发生

【答案】B

【解析】信用远期协议中信用价差增加表明银行贷款信用状况恶化。

25. 下列关于广义流动性和狭义流动性的说法，不正确的是(　　)。

A. 广义流动性包括资产的流动性、机构流动性和市场的流动性

B. 资产的流动性是对流动性的一种常见理解，使资产迅速变现而不受损失的能力

C. 市场流动性是指市场使投资者迅速、低成本的交易金融资产的能力

D. 狭义的流动性定义，主要是指金融机构在需要资金的时候可获得资金的能力，以及金融机构可以在市场上迅速、低成本的交易金融资产的能力，即市场层面的流动性

【答案】D

【解析】狭义的流动性定义即机构层面的流动性。

26. (　　)是指金融市场参与者无法以合理成本及时获得充足资金，以偿付到期债务、履行其他支付义务和满足正常业务开展的资金需求的风险。

A. 信用风险　　B. 流动性风险

C. 市场风险　　D. 操作风险

【答案】B

【解析】题干是流动性风险的概念。

27. 流动性覆盖率的计算公式是(　　)。

A. 合格优质流动性资产/未来 35 天现金净流出量 ×100%

B. 合格优质流动性资产/未来 30 天现金净流出量 ×100%

C. 合格优质流动性资产/未来 250 天现金净流出量 ×100%

D. 合格优质流动性资产/未来 20 天现金净流出量 ×100%

【答案】B

【解析】流动性覆盖率是指在压力情景下，公司持有的优质流动性资产与未来 30 天的现金净流出量之比。

28. 市场层面衡量流动性风险的指标不包括(　　)。

A. 速动比率　　B. 买卖价差法

C. 换手率　　　　　　　　　　　　　　D. 冲击成本

【答案】A

【解析】速动比例属于机构层面资产负债结构指标。

29.（　　）是指在交易中需要迅速而且大规模地买进或者卖出证券，不能按照预定价位成交而多支付的成本。

A. 流动性风险　　　　　　　　　　　　B. 冲击成本

C. 市场风险　　　　　　　　　　　　　D. 操作风险

【答案】B

【解析】题干是冲击成本的概念，是机构大户面临的流动性成本的重要表现。

30. 下列关于流动性风险管理策略的说法，不正确的是（　　）。

A. 融资策略管理中实现融资渠道多元化是证券公司融资策略的主要目标

B. 日间流动性管理既是证券公司流动性管理战略的重要内容，也是实施其他长期战略中至关重要的环节

C. 合格的流动性缓冲资产，可以被用作交易头寸的对冲资金

D. 流动性风险应急计划目标是帮助公司应对极端的流动性事件

【答案】C

【解析】流动性缓冲资产不应存在变现障碍，不应被用作交易头寸的对冲资金，也不应被指定用于抵押、结构性交易中的信用增级或支付经营成本。

31. 下列关于声誉风险管理的说法，不正确的是（　　）。

A. 声誉风险是指证券公司股东、员工、客户、第三方合作机构及监管机构对证券公司的公开负面评价的风险

B. 声誉风险，影响相对较小，不会引发系统性风险

C. 声誉风险管理，应坚持全员参与，预防第一的原则

D. 良好的媒体沟通和信息披露机制能够有效减少声誉事件的发生

【答案】B

【解析】重大声誉事件，有可能造成证券行业整体形象重大损害，导致

市场大幅波动引发系统性风险。

32. 下列关于战略风险的说法中，不正确的是(　　)。

A. 战略风险是指证券公司在追求短期商业目的和长期发展目标的过程中，因不适当的发展规划和战略决策，给证券公司造成损失或不利影响的风险

B. 战略风险来源于内部经营管理活动和外部政治、经济、社会、科技等环境变化

C. 正确识别战略风险，有助于经营管理从被动防守转变为主动进攻

D. 战略风险管理的基本要求之一是明确股东大会的战略风险管理职责

【答案】 D

【解析】 战略风险管理的基本做法是明确董事会和高级管理层的战略风险管理职责。

二、组合型单项选择题

1. 体现风险的本质和内在特性的概念有(　　)。

Ⅰ. 不确定性　　Ⅱ. 损失　　Ⅲ. 波动性　　Ⅳ. 危险

A. Ⅰ、Ⅱ、Ⅲ　　B. Ⅰ、Ⅲ、Ⅳ

C. Ⅱ、Ⅲ、Ⅳ　　D. Ⅰ、Ⅱ、Ⅲ、Ⅳ

【答案】 D

【解析】 风险的本质和内在特性包括不确定性、损失、波动性和危险。

2. 根据金融学对企业价值的定义，作为未来现金流贴现值之和的价值受（　　）因素影响。

Ⅰ. 每期的现金流　　Ⅱ. 贴现率　　Ⅲ. 收益率　　Ⅳ. 期限

A. Ⅰ、Ⅱ、Ⅲ　　B. Ⅰ、Ⅲ、Ⅳ

C. Ⅱ、Ⅲ、Ⅳ　　D. Ⅰ、Ⅱ、Ⅳ

【答案】 D

【解析】 作为未来现金流贴现值之和的价值，受三个因素影响：每期的现金流、贴现率与期限。

3. 金融机构面临风险时可以采取的风险管理策略有(　　)。

Ⅰ. 风险控制　　Ⅱ. 风险分散　　Ⅲ. 风险对冲　　Ⅳ. 风险补偿

A. Ⅰ、Ⅱ、Ⅲ　　B. Ⅰ、Ⅲ、Ⅳ

C. Ⅱ、Ⅲ、Ⅳ　　D. Ⅰ、Ⅱ、Ⅲ、Ⅳ

【答案】 D

【解析】 选项全部正确。金融机构可以采取的风险管理策略包括风险规避、风险控制、风险分散、风险对冲、风险转移、风险补偿与准备金。

4. 下列关于风险与金融产品的表述，正确的有(　　)。

Ⅰ. 任何金融产品都具有风险性，所谓的无风险收益率仅仅是理论上的一种设定

Ⅱ. 风险与收益相匹配是金融市场的基本规律，高收益往往代表着高风险，低风险往往代表着低收益

Ⅲ. 投资是以风险换收益，也就是以承担和管理风险来换取更高的预期收益

Ⅳ. 只有具有适当风险溢价水平的风险才是值得投资的风险

A. Ⅰ、Ⅱ、Ⅲ　　B. Ⅰ、Ⅲ、Ⅳ

C. Ⅱ、Ⅲ、Ⅳ　　D. Ⅰ、Ⅱ、Ⅲ、Ⅳ

【答案】 D

【解析】 选项全部正确。

5. 风险管理的流程主要包括(　　)。

Ⅰ. 风险的识别　　Ⅱ. 风险的衡量

Ⅲ. 风险的应对　　Ⅳ. 风险的监测、预警与报告

A. Ⅰ、Ⅱ、Ⅲ　　B. Ⅰ、Ⅲ、Ⅳ

C. Ⅱ、Ⅲ、Ⅳ　　D. Ⅰ、Ⅱ、Ⅲ、Ⅳ

【答案】 D

【解析】 选项全部正确。

6. 证券公司董事会承担全面风险管理的最终责任，履行（　　）职责。

Ⅰ. 推进风险文化建设

Ⅱ. 审议批准公司的风险偏好、风险容忍度以及重大风险限额

Ⅲ. 任免考核首席风险官

Ⅳ. 审议批准公司全面风险管理的基本制度

A. Ⅰ、Ⅱ、Ⅳ　　B. Ⅰ、Ⅲ、Ⅳ

C. Ⅱ、Ⅲ、Ⅳ　　D. Ⅰ、Ⅱ、Ⅲ、Ⅳ

【答案】D

【解析】选项全部正确。此外还包括审议公司定期风险评估报告，建立与首席风险官的直接沟通机制等。

7. 按约束的风险类型，限额主要分为(　　)。

Ⅰ. 信用风险限额　　Ⅱ. 市场风险限额

Ⅲ. 操作风险限额　　Ⅳ. 流动性风险限额

A. Ⅰ、Ⅱ、Ⅲ　　B. Ⅰ、Ⅲ、Ⅳ

C. Ⅱ、Ⅲ、Ⅳ　　D. Ⅰ、Ⅱ、Ⅲ、Ⅳ

【答案】D

【解析】选项全部正确。此外还包括国别风险限额。

8. 通常，风险限额管理包括（　　）三个环节。

Ⅰ. 风险限额设定　　Ⅱ. 风险限额监测

Ⅲ. 风险限额识别　　Ⅳ. 超限额处置

A. Ⅰ、Ⅱ、Ⅲ　　B. Ⅰ、Ⅲ、Ⅳ

C. Ⅱ、Ⅲ、Ⅳ　　D. Ⅰ、Ⅱ、Ⅳ

【答案】D

【解析】风险限额管理包括风险限额设定、风险限额监测、超限额处置等环节。

9. 资本的功能主要体现为(　　)。

Ⅰ. 为金融机构提供融资

Ⅱ. 抵御风险损失，保证公司正常运营

Ⅲ. 限制业务过度扩张和承担风险

Ⅳ. 显示金融机构的实力和信誉，维持市场信心

A. Ⅰ、Ⅱ、Ⅲ　　B. Ⅰ、Ⅲ、Ⅳ

C. Ⅱ、Ⅲ、Ⅳ　　D. Ⅰ、Ⅱ、Ⅲ、Ⅳ

【答案】D

【解析】选项全部正确。

10. 在资本充足方面，常用的风险控制指标包括(　　)。

Ⅰ. 风险覆盖率　Ⅱ. 风险资本准备　Ⅲ. 资本杠杆率　Ⅳ. 净资本

A. Ⅰ、Ⅱ　　B. Ⅰ、Ⅲ

C. Ⅱ、Ⅳ　　D. Ⅰ、Ⅱ、Ⅲ

【答案】B

【解析】风险覆盖率和资本杠杆率是重要的证券公司净资本监管工具，二者相辅相成。

11. 证券公司在遇到以下（　　）情形时，应当开展专项或综合压力测试。

Ⅰ. 重大对外投资或收购　Ⅱ. 对外担保

Ⅲ. 确定重大业务规模　Ⅳ. 证券市场大幅波动

A. Ⅰ、Ⅱ、Ⅲ　　B. Ⅰ、Ⅲ、Ⅳ

C. Ⅰ、Ⅱ、Ⅳ　　D. Ⅰ、Ⅱ、Ⅲ、Ⅳ

【答案】B

【解析】Ⅱ项应为重大对外担保。

12. 下列属于压力测试原则的是(　　)。

Ⅰ. 全面性原则　Ⅱ. 实践性原则

Ⅲ. 审慎性原则　Ⅳ. 前瞻性原则

A. Ⅰ、Ⅱ、Ⅲ　　B. Ⅰ、Ⅱ、Ⅳ

C. Ⅰ、Ⅲ、Ⅳ　　D. Ⅰ、Ⅱ、Ⅲ、Ⅳ

【答案】D

【解析】选项全部正确。

13. 证券公司开展压力测试主要包括以下（　　）步骤。

Ⅰ. 确定测试对象，制订测试方案

Ⅱ. 选择压力测试方法，并设置测试情景

Ⅲ. 确定风险因子，收集测试数据

Ⅳ. 实施压力测试，分析报告测试结果并且制定和执行应对措施

A. Ⅰ、Ⅱ、Ⅲ　　B. Ⅰ、Ⅱ、Ⅳ

C. Ⅰ、Ⅲ、Ⅳ　　D. Ⅰ、Ⅱ、Ⅲ、Ⅳ

【答案】D

【解析】选项全部正确。

14. 根据导致市场风险因素的不同，市场风险包括(　　)。

Ⅰ. 商品风险　Ⅱ. 利率风险　Ⅲ. 房地产价格风险　Ⅳ. 外汇风险

A. Ⅰ、Ⅱ、Ⅲ　　B. Ⅰ、Ⅱ、Ⅳ

C. Ⅱ、Ⅲ、Ⅳ　　D. Ⅰ、Ⅱ、Ⅲ、Ⅳ

【答案】B

【解析】根据导致市场风险因素的不同，市场风险一般划分为利率风险、外汇风险、股票价格风险和商品风险四种类型。

15. 按照风险来源的不同，利率风险可以分为(　　)。

Ⅰ. 重新定价风险　Ⅱ. 股票价格风险

Ⅲ. 基准风险　Ⅳ. 收益率曲线风险

A. Ⅰ、Ⅱ、Ⅲ　　B. Ⅰ、Ⅲ、Ⅳ

C. Ⅱ、Ⅲ、Ⅳ　　D. Ⅰ、Ⅱ、Ⅲ、Ⅳ

【答案】B

【解析】利率风险可以分为重新定价风险、收益率曲线风险、基准风险和期权性风险四种类型。

16. 证券公司风险估值管理的主要估值方法包括(　　)。

Ⅰ. 盯市　Ⅱ. 盯模　Ⅲ. 按账面价值计值　Ⅳ. 按成本价值计值

A. Ⅰ、Ⅱ　　B. Ⅲ、Ⅳ

C. Ⅰ、Ⅲ、Ⅳ　　D. Ⅰ、Ⅱ、Ⅲ

【答案】A

【解析】风险估值管理主要的估值方法包括盯市和盯模。

17. 下列属于信用风险构成要素的是(　　)。

Ⅰ. 违约概率

Ⅱ. 违约损失率

Ⅲ. 违约风险暴露

Ⅳ. 预期损失和非预期损失

A. Ⅰ、Ⅱ、Ⅲ　　B. Ⅰ、Ⅲ、Ⅳ

C. Ⅰ、Ⅱ、Ⅳ　　D. Ⅰ、Ⅱ、Ⅲ、Ⅳ

【答案】D

【解析】选项全部正确。

18. 对企业信用分析的5Cs系统使用最为广泛，下列属于5Cs系统的有(　　)。

Ⅰ. 品德　Ⅱ. 资本　Ⅲ. 还款能力　Ⅳ. 抵押　Ⅴ. 经营环境

A. Ⅰ、Ⅱ、Ⅲ、Ⅳ　　B. Ⅰ、Ⅲ、Ⅳ、Ⅴ

C. Ⅱ、Ⅲ、Ⅳ、Ⅴ　　D. Ⅰ、Ⅱ、Ⅲ、Ⅳ、Ⅴ

【答案】D

【解析】选项全部正确。

19. 下列属于具有代表性的信用风险量化模型的有(　　)。

Ⅰ. CreditMetrics 模型　Ⅱ. 5Cs 系统

Ⅲ. Credit Monitor 模型　Ⅳ. Credit Portfolio View 模型

A. Ⅰ、Ⅱ、Ⅲ　　B. Ⅰ、Ⅲ、Ⅳ

C. Ⅱ、Ⅲ、Ⅳ　　D. Ⅰ、Ⅱ、Ⅲ、Ⅳ

【答案】B

【解析】5Cs系统属于信用风险定性分析模型。

20. 信用风险缓释中常用于转移或降低信用风险的工具包括(　　)。

Ⅰ. 抵质押品　Ⅱ. 净额结算　Ⅲ. 保证　Ⅳ. 信用衍生工具

A. Ⅰ、Ⅱ、Ⅲ　　B. Ⅰ、Ⅲ、Ⅳ

C. Ⅱ、Ⅲ、Ⅳ　　D. Ⅰ、Ⅱ、Ⅲ、Ⅳ

【答案】D

【解析】选项全部正确。

21. 资产流动性风险是指资产价值不受损害而进行变现的能力，市场的流动性是由（　　）因素决定的。

Ⅰ. 深度　　Ⅱ. 密度　　Ⅲ. 即时性　　Ⅳ. 弹性

A. Ⅰ、Ⅱ、Ⅲ　　B. Ⅰ、Ⅲ、Ⅳ

C. Ⅱ、Ⅲ、Ⅳ　　D. Ⅰ、Ⅱ、Ⅲ、Ⅳ

【答案】D

【解析】选项全部正确。

22. 机构层面流动性风险的衡量指标包括(　　)。

Ⅰ. 流动比率　　Ⅱ. 净稳定资金率

Ⅲ. 流动性覆盖率　　Ⅳ. 现金流量比率

A. Ⅰ、Ⅱ、Ⅲ　　B. Ⅰ、Ⅲ、Ⅳ

C. Ⅱ、Ⅲ、Ⅳ　　D. Ⅰ、Ⅱ、Ⅲ、Ⅳ

【答案】D

【解析】选项全部正确。

23. 操作风险分为（　　）所引发的风险。

Ⅰ. 人员　　Ⅱ. 系统　　Ⅲ. 流程　　Ⅳ. 外部事件

A. Ⅰ、Ⅱ、Ⅲ　　B. Ⅰ、Ⅲ、Ⅳ

C. Ⅱ、Ⅲ、Ⅳ　　D. Ⅰ、Ⅱ、Ⅲ、Ⅳ

【答案】D

【解析】操作风险是指由不完善或有问题的人员、信息科技系统、内部流程以及外部事件造成损失的风险。

24. 下列属于巴塞尔银行监管委员会进一步明确的操作风险的类型的是(　　)。

Ⅰ. 就业制度和工作场所安全性风险

Ⅱ. 客户、产品及业务活动中的操作性风险

Ⅲ. 实物资产损坏

Ⅳ. 营业中断或信息技术系统瘫痪

A. Ⅰ、Ⅱ、Ⅲ　　B. Ⅰ、Ⅲ、Ⅳ

C. Ⅱ、Ⅲ、Ⅳ　　D. Ⅰ、Ⅱ、Ⅲ、Ⅳ

【答案】D

【解析】选项全部正确。此外还包括内部欺诈、外部欺诈，执行、交割和流程管理中的操作风险。

25. 评估操作风险的关键风险指标一般包括(　　)。

Ⅰ. 资产损失率　　Ⅱ. 案件发生率

Ⅲ. 员工流动率　　Ⅳ. 客户投诉次数

A. Ⅰ、Ⅱ、Ⅲ　　B. Ⅰ、Ⅲ、Ⅳ

C. Ⅱ、Ⅲ、Ⅳ　　D. Ⅰ、Ⅱ、Ⅲ、Ⅳ

【答案】D

【解析】选项全部正确。此外还包括失败交易数量、错误和遗漏的频率以及严重程度等。

26. 下列属于操作风险的管理方法有(　　)。

Ⅰ. 内部控制　　Ⅱ. 保险

Ⅲ. 业务外包　　Ⅳ. IT 技术应用

A. Ⅰ、Ⅱ、Ⅲ　　B. Ⅰ、Ⅲ、Ⅳ

C. Ⅱ、Ⅲ、Ⅳ　　D. Ⅰ、Ⅱ、Ⅲ、Ⅳ

【答案】D

【解析】选项全部正确。此外还包括数据治理和管理、业务持续计划。

27. 国别风险的主要类型有(　　)。

Ⅰ. 政治风险　　Ⅱ. 信用风险

Ⅲ. 主权风险　　Ⅳ. 宏观经济风险

A. Ⅰ、Ⅱ、Ⅲ　　B. Ⅰ、Ⅲ、Ⅳ

C. Ⅱ、Ⅲ、Ⅳ　　D. Ⅰ、Ⅱ、Ⅲ、Ⅳ

【答案】B

【解析】国别风险的主要类型包括转移风险、主权风险、传染风险、货币风险、宏观经济风险、政治风险、间接国别风险七类。

28. 系统性风险通常具有（　　）等特征。

Ⅰ. 外部性　　Ⅱ. 关联性　　Ⅲ. 复杂性　　Ⅳ. 突发性

A. Ⅰ、Ⅱ、Ⅲ　　B. Ⅰ、Ⅲ、Ⅳ

C. Ⅱ、Ⅲ、Ⅳ　　　　D. Ⅰ、Ⅱ、Ⅲ、Ⅳ

【答案】 C

【解析】 系统性风险通常具有内生性、关联性、复杂性、突发性、传染性等特征。